Zürcher Liebesgeschichten

Regula Sager

Regula Sager

ZÜRCHER LIEBESGESCHICHTEN

Ein Stadtführer der besonderen Art

Elster Verlag • Zürich

2. Auflage

Elster Verlagsbuchhandlung AG
Hofackerstrasse 13, CH-8032 Zürich
Telefon +41 (0)44 385 55 10, Fax +41 (0)44 385 55 19
info@elsterverlag.ch | www.elsterverlag.ch

ISBN 978-3-906065-28-1
Druck und Bindung: AZ Druck und Datentechnik GmbH, D-Kempten/ Allgäu
Umschlaggestaltung: Rahel Arnold, Zürich
Innengestaltung: Smilla Schär, CH-Rheinfelden
Papier: Munken Lynx 130g/m²
Schriften: Romain BP, Frutiger 10/15, LW 8

Bibliografische Information der Deutschen Bibliothek: Die Deutsche Bibliothek verzeichnet diese Publikation in der deutschen Nationalbibliografie; detaillierte bibliografische Daten sind im Internet über http://dnb.dnb.de abrufbar.

Inhalt

Vorwort von Corine Mauch
Die Liebe ist eine Himmelsmacht ... 9

Ulrich Zwingli und Anna Reinhart 13
Zwingli und Anna Reinhart 17
Die Pest in Zürich 18
Zwinglis Liebe 21

Giacomo Casanova und Frau von Roll 29
Casanova, der reuige Sünder 32
Klostermauern gegen schöne Frauen 33
Der Kellner Casanova 34

Joh. Heinrich Pestalozzi und Anna Schulthess 41
Ein Liebe Suchender erbettelt Zuneigung 45
Auf dem Weg zum Pädagogen 47
Eine Beziehung in Prüfungen 49
Die Hochzeit 50

Regula Engel-Egli und Florian Engel 57
Eine napoleonische Ehe 63

Richard Wagner und Mathilde Wesendonck 69
Hofhaltung im «Baur au Lac» 75
Die Bühne bei Wesendoncks 77

Gottfried Keller und Betty Tendering/
Luise Scheidegger/Lina Weissert 85
Liebe in Berlin 87
Enttäuschte Hoffnung 91

Lydia Welti-Escher und Karl Stauffer-Bern 99
Das Drama einer Nacht 108

Thomas Mann und Franz Westermeier 113
Die Schwärmerei eines alten Herrn 115
Ein letztes Mal sein Franzl 121

Albert Einstein und Mileva Maric 125
Eine unmögliche Beziehung 131
Die Heirat 136

Varlin und Franca Giovanoli 141
Der Verlassene 149

Bibliografie 156

Die Liebe ist eine Himmelsmacht ...

... übertitelte der Schweizer Schriftsteller Jürg Federspiel eine wunderbare Sammlung mit Kurzgeschichten. Wer kann und wer will sich dieser Himmelsmacht verschliessen? Wo die Liebe hinfällt, da gedeiht sie. Von der Liebe getroffen, erliegen wir ihr. Erkennen aber müssen wir sie: Dann blüht sie auf allen Böden, auch in Zürich, der während langer Zeit strengen Zwingli-Stadt. Doch gerade die Liebesgeschichte Zwinglis und der klugen Witwe Anna Reinhart zeigt die Macht der Liebe, zeigt, wie die Liebe gesellschaftliche Konventionen überwinden kann.

Die Liebe trifft, wie es sich für eine Himmelsmacht gehört, die Menschen unterschiedslos. Junge Menschen entflammen und ältere auch, Männer entbrennen für Frauen und umgekehrt, und Frauen für Frauen gerade so wie Männer für Männer.

Eine weitere berührende Zürcher Liebesgeschichte, die ausserhalb des Zeitrahmens des Buches liegt, ist die Geschichte von Röbi Rapp und Ernst Ostertag, preisgekrönt erzählt im Film «Der Kreis» von Stefan Haupt. Röbi Rapp und Ernst Ostertag waren das erste gleichgeschlechtliche Paar, das seine Partnerschaft 2007 im Zürcher Stadthaus registrieren liess. Ihre Liebe durchlebte viele Jahrzehnte der Anfeindung und Diskriminierung. Dennoch lebt sie heute noch, und sie blüht weiter.

Tatsächlich durfte lange nicht jedes Begehren und nicht jede Liebe gelebt werden. Die Liebesgeschichte von Lydia Welti-Escher und Karl Stauffer-Bern endet tragisch. Auch heute ist es keine Selbstverständlichkeit, dass alle Menschen ihre Liebe frei leben dürfen. Zürich ist eine offene und tolerante Stadt, sie lässt den Menschen Raum, mit ihren Liebsten zu leben. Das freut mich und macht mich stolz. Doch in vielen Gesellschaften - auch in Europa - ist dies weiterhin nicht möglich.

Der Macht der Liebe können und sollen wir uns nicht entziehen. Eine offene Gesellschaft gewährt allen mündigen Menschen das Recht auf eine frei gewählte und gelebte Liebesbeziehung - vorbehaltslos.

Corine Mauch, Stadtpräsidentin

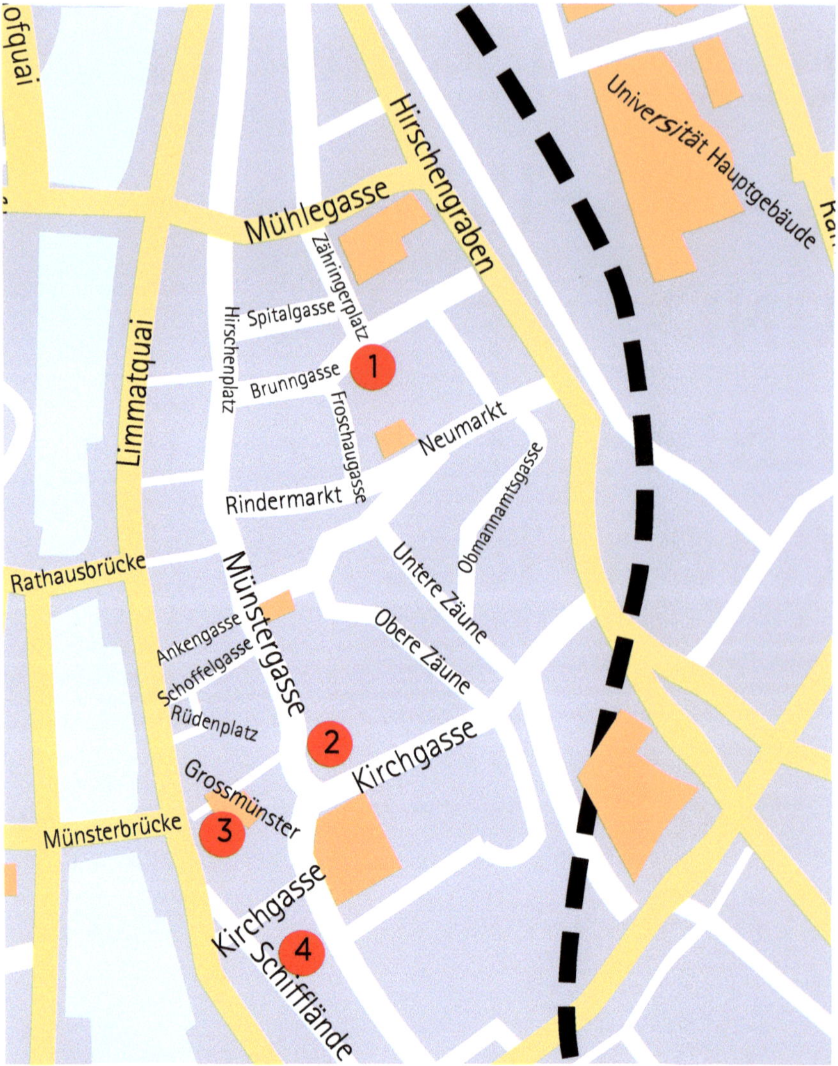

Ulrich Zwingli und Anna Reinhart in Zürich:
Im Haus an der Brunngasse 18 (1) fand am ersten Sonntag der Fastenzeit im Jahr 1522 das berühmte Wurstessen statt, dem Zwingli beiwohnte.
In der Helferei an der Kirchgasse 13 (2) wohnte Ulrich Zwingli; gegenüber lebte Anna.
Zwingli war als Pfarrer für das Grossmünster (3) zuständig.
Anna Reinhart war die Tochter des Gastwirtes zum Rössli, heute Hotel Helmhaus, an der Schifflände 30 (4).

ULRICH ZWINGLI (1484–1531) UND ANNA REINHART (1484–1538)

Ein Reformator in Seelenaufruhr

Ulrich (Huldrych) Zwingli und Anna Reinhart. Das Porträt Zwinglis stammt von Hans Asper; beim Bild von Anna Reinhart ist unklar, ob es sich um sie selbst oder um ihre Tochter Regula Gwalther-Zwingli handelt.

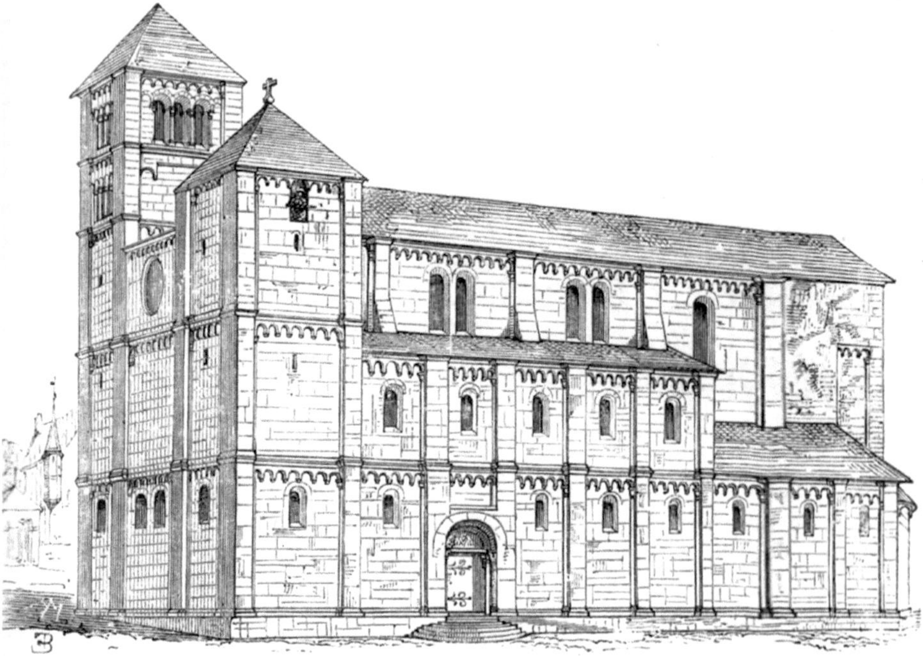

So sah das Zürcher Grossmünster wahrscheinlich in der Mitte des 15. Jahrhunderts, also zu Zwinglis Zeit, aus; nach Johann Rudolf Rahn: Geschichte der Bildenden Künste in der Schweiz. Von den Ältesten Zeiten bis zum Schlusse des Mittelalters. Zürich 1876.

Und dieses dumme Gerücht sollte seine Anstellung am Grossmünster gefährden? Nichts war wahr an der Geschichte mit dieser Frau, die man in Zürich über ihn, den Leutpriester aus Einsiedeln, herumreichte. Oder fast nichts. Er musste den Sachverhalt klären.

So setzte sich Ulrich Zwingli am Abend des 5. Dezember 1518 hin und verfasste einen «Beichtbrief» an seinen Freund Heinrich Utinger, Chorherr am Grossmünster. Er gestand zwar ein – durchaus reumütig –, dass er schwach geworden sei und sich von einem Weibsbild habe verführen lassen: «Ach! da bin ich gefallen und dem Hunde gleich geworden, der sich zu seinem Auswurf wendet, wie der Apostel Petrus sagt.»

Dass besagte Person aber die Tochter eines mächtigen Einsiedler Bürgers und dazu noch Jungfrau gewesen sei, die er also geschändet hätte, das waren Lügengeschichten, die er zu entkräften wusste: «Dass die Tochter einem mächtigen Manne gehört, will ich nicht leugnen; denn allerdings ist die Sorte Menschen mächtig, die ungestraft sogar dem Kaiser an den Bart greifen dürfen: die Barbiere nämlich.»

Und was die angebliche Unbeflecktheit dieses Sprosses aus einer gewöhnlichen Coiffeursfamilie betraf, so wisse ganz Einsiedeln, welchen Beschäftigungen sie des Nachts gern nachzugehen pflege: «Mit dem und jenem Mann hatte sie es also schon getrieben, schliesslich litt sie auch mich.» Und wo er schon am Beichten war, gestand er auch ein, nicht zum ersten Mal den Zölibat gebrochen zu haben.

Doch gelobte er Besserung. Er wolle sich künftig wieder

vermehrt ins Studium der Philosophie und Theologie stürzen, denn: «Löscht diese beharrliche Arbeit jene unkeuschen Begierden nicht ganz aus, so zähmt sie sie doch.» Auch hätte er längst folgenden Vorsatz gefasst: «Keine Ehe zu verletzen (weil die Bettdecke, wie Jesaja sagt, zu kurz ist, um zwei Männer zugleich zu decken), keine Jungfrau zu schänden (davor hütete ich mich nach der Lehre des Paulus mit frommer Scheu) und ferner keine Nonne zu entweihen (weil dies Vergehen als Schändung des Heiligen zu gelten hat).»

Zwingli, der Feind aller Sinnesfreuden? Spassbremse par excellence? Wie es sein Ruf bis heute ist? Er hatte durchaus Humor, Musik liebte er auch, obwohl er sie im Gottesdienst in der Kirche verbot. Und die Frauen liebte er ganz offensichtlich genauso ...

Zwingli versprach den Zürchern also hoch und heilig, sich zu bessern, in der Hoffnung, sie damit gnädig zu stimmen, denn die Berufung ans Grossmünster wollte er sich nicht entgehen lassen. Das Amt würde ihm viel Einfluss bringen, war doch das Zürcher Stift neben der Konstanzer Kathedrale das bedeutendste im ganzen Bistum Konstanz. Und schliesslich war er ja nicht einfach irgendein Dahergelaufener. Kaum einer der Mitbewerber konnte ihm das Wasser reichen, er galt weitherum als hervorragender Gelehrter und brillanter Rhetoriker. Zudem gefiel der Zürcher Regierung, dass er sich seit der fürchterlichen Niederlage der Schweizer bei Marignano (1515) gegen das Söldnerwesen stellte.

Sein Brief zeigte Wirkung. Am 1. Januar 1519 wurde Ulrich Zwingli als Leutpriester am Grossmünster eingestellt. Und noch im selben Jahr lernte er Anna Reinhart kennen. Sie war weder verheiratet noch Jungfrau noch Nonne. Sie war Witwe.

Zwingli und Anna Reinhart

Anna Reinhart war mit Junker Hans Meyer von Knonau verheiratet gewesen, einem lebenslustigen Mann, der sie gegen den heftigen Widerstand seines Vaters geehelicht hatte und in der Folge von diesem enterbt worden war. Als Tochter des Gastwirtes zum Rössli an der Schifflände (heute Hotel Helmhaus, Schifflände 30) war sie natürlich keine standesgemässe Partie für den Sohn eines Ratsherrn und Reichsvogts gewesen. Junker Hans musste sein Geld dann als Söldner auf italienischen Schlachtfeldern verdienen, und dort holte er sich schliesslich eine tödliche Krankheit. Nach dreizehn Ehejahren war Anna Witwe, sie war 33 und Mutter von drei kleinen Kindern. Die Familie wohnte «Im Höfli» an der Ecke Kirchgasse/Neustadtgasse, schräg vis-à-vis der Amtswohnung des Leutpriesters (heute «Helferei»). Und dort zog knapp zwei Jahre später Ulrich Zwingli ein.

Zuerst fiel ihm Annas Ältester auf, der elfjährige Gerold, ein aufgeweckter, intelligenter und hübscher Junge. Er war Schüler am Carolinum am Grossmünster, wo Zwingli Latein und Griechisch unterrichtete. Ihn müsste man speziell fördern, fand er und beschloss, sich persönlich um Gerold zu kümmern und ihm Privatunterricht zu erteilen.

Er ging nun ein und aus im Hause der jungen Witwe und wurde dem pfiffigen, aber auch etwas wilden Knaben wie ein zweiter Vater. Bald war er seinem Schüler auch ganz dankbar, dass er ihm einen unverdächtigen Grund gab für die vielen Besuche im «Höfli». Die schöne und kluge Anna hatte es ihm angetan.

Anfänglich musste er sich dann wohl verstärkt seinen Studien widmen – wie im Beichtbrief versprochen bei drohenden unkeuschen Begierden. Bald war die Zuneigung gegenseitig. Anna war beeindruckt von seinen fortschrittlichen Ansichten, wie er Missstände in der katholischen Kirche anzuprangern wagte, wie er seine Empörung über den Ablasshandel von der Kanzel donnerte. Ja, war es nicht ungeheuerlich, was etwa der deutsche Ablassprediger Johann Tetzel versprach? «Sobald der Gülden im Becken klingt, im huy die Seel im Himmel springt ...»

Zwingli hatte neben der kämpferischen aber auch noch eine musische Seite, die Annas Herz rührte. Er liebte Musik, spielte wunderbar Laute, Geige, Pfeifen und viele andere Instrumente, und er komponierte und dichtete. Seine Lieder wurden sogar an Fürstenhöfen jenseits der Landesgrenze gespielt und gesungen. Eines seiner bis heute bekanntesten Werke sollte das Pestlied werden. Den Todeskampf den er dort beschrieb, hatte er selber erlebt.

Die Pest in Zürich

Die Pest brach noch im ersten Jahr seiner Anstellung am Grossmünster über die Stadt herein. Sie hatte zuvor in Basel und Schaffhausen gewütet, in Zürich schlug sie im Sommer 1519 zu. In den dunklen, muffigen Gassen der Stadt war der Schwarze Tod besonders gefrässig. Von den 7000 Einwohnern Zürichs holte er sich mindestens einen Drittel. Zwingli eilte Tag und Nacht von Krankenbett zu Krankenbett, begleitete die Sterbenden, tröstete die Angehörigen. Dass er sich dabei nur allzu leicht anstecken konnte, kümmerte ihn nicht.

Und dann passierte es doch. Anna brachte es nicht übers Herz, den schwer Erkrankten seinem Schicksal und allein der Obhut seiner Magd zu überlassen. Zwingli hatte sich so grosszügig um sie und ihre Familie gekümmert, allen voran um ihren

Gerold, nun wollte sie sich auch für ihn aufopfern. Nächtelang sass sie an seinem Bett, kühlte seine heisse Stirn, pflegte seine eitrigen Wunden. Sie wollte nicht daran denken, dass sie damit ihr eigenes Leben gefährdete. Verzweifelt musste sie zusehen, wie das Fieber ihn schüttelte und den sonst so scharf denkenden Mann wirre Sätze aus stossen liess, wie er schwächer und schwächer wurde, sie weinte, betete, hoffte.

Da endlich, nach wochenlangem Bangen, kam wieder Leben in seinen geschundenen Körper. Zwingli hatte die Krankheit besiegt. Und Anna war gesund geblieben. Es musste ein Zeichen Gottes sein. Da war sich der so wunderbar Genesene ganz sicher. Gott hatte ihn am Leben gelassen, damit er seine Aufgabe als Reformator fortsetzen konnte. Und auch Annas Unerschrockenheit und aufopfernde Uneigennützigkeit hatte er belohnt. Diese Frau gehörte an Zwinglis Seite, daran bestand kein Zweifel mehr. Er wollte sie heiraten. Der Zölibat musste endlich abgeschafft werden, auch dafür würde er kämpfen, das versprach er Anna. Doch vorerst musste ihre Liebe noch geheim gehalten werden.

Es verstrichen über zwei Jahre, bis sich Anna Reinhart und Ulrich Zwingli das Jawort gaben, am 21. Juli 1522, jedoch noch immer unter Aussschluss der Öffentlichkeit. Anna wohnte weiter im «Höfli», Zwingli in seiner Amtswohnung. Doch noch im selben Jahr nahm Zwingli zusammen mit anderen Priestern den Kampf gegen den Zölibat auf.

Er schrieb an die Tagsatzung, die Versammlung der Abgesandten der Kantone der Alten Eidgenossenschaft und an den Bischof von Konstanz, das Eheverbot für Priester könne nicht aus der Bibel abgeleitet werden. Er bitte deshalb darum, «Priestern, die Brunst leiden», das Heiraten zu gestatten. Sexuelle Begierde sei zutiefst menschlich, ihr – und also der Natur – nachzugeben, sollte deshalb den Priestern nicht als Sünde

Die gantze Bibel
der vrsprünglichē Ebraischen
vnd Griechischen waarheyt
nach/auffs aller treüwli-
chest verteütschet.

Getruckt zů Zürich bey Christoffel
Froschouer/im Jar als man zalt
M. D. XXXI.

Zürcher Bibel von 1531, gedruckt beim Drucker Christoph Froschauer, sozusagen um die Ecke, bei der heutigen Froschaugasse 4. Froschauer war einer der Pioniere der europäischen Druckkunst. In seinem Haus (Brunngasse 18) fand im Beisein Zwinglis auch das «Wurstessen» während der Fastenzeit 1522 statt, mit dem gegen das herrschende Abstinenzgebot protestiert wurde. Es ist für die Zürcher Reformation ähnlich bedeutend wie Luthers Thesenanschlag in Wittenberg für die Reformation in Deutschland.

angelastet werden. Die Antwort, die er vom Bischof damals erhielt, ist bis heute dieselbe geblieben, und Zwingli musste mit Anna weiterhin heimlich verkehren. Und sich dabei - im altgläubigen Sinne - auch immer wieder versündigen.

So heimlich war diese «wilde Ehe» allerdings auch wieder nicht. Längst wurde in Zürich über die ständigen Besuche des Leutpriesters im «Höfli» gemunkelt. Die Altgläubigen verschrien Zwingli als «unsauberen Gesellen». Gerüchte aller Art begannen sich sogar bis über die Stadtgrenze hinaus zu verbreiten. In Basel behauptete der Theologieprofessor Gebwiler, Zwingli habe «einem Biedermann sein Weib entführt und von ihr Kinder gehabt, weil man ihm kein Weib habe lassen wollen».

Aber auch die Anhänger der Reformation kritisierten ihn. Sie warfen ihm Feigheit vor und forderten ihn auf, endlich offen zu seiner Beziehung zu stehen, denn der öffentliche und selbstbewusste Verstoss gegen den Zölibat wäre auch ein politischer Akt und eine klare Ansage an die Adresse des Bischofs gewesen.

Zwinglis Liebe

Zwingli musste handeln. Es drängte auch aus einem weiteren, bald gut sichtbaren Grund. Anna war hochschwanger. So wagte es Ulrich Zwingli, am 2. April 1524 mit Anna Reinhart im Grossmünster vor aller Öffentlichkeit vor den Traualtar zu stehen. Er hatte den Zölibat in Zürich also endgültig zu Fall gebracht, und die Schweiz hatte mit Anna Reinhart ihre erste Pfarrfrau. Vier Monate nach der Hochzeit zog Anna in die Amtswohnung an der Kirchgasse ein, und fünf Tage später kam Regula zur Welt, die erste gemeinsame Tochter der beiden. Drei weitere Kinder sollten schon bald folgen.

Die Helferei in der Kirchgasse. Im 1. Obergeschoss befindet sich die «Zwinglistube», die zu Zwinglis damaliger Wohnung gehörte. Heute dienen die Räume der Kirchgemeinde Grossmünster und dem hauseigenen Kulturprogramm der Helferei.

Die Altgläubigen zerrissen sich ihre Mäuler nun erst recht über den revolutionären Priester Zwingli. Nicht aus Liebe hätte er seine Frau geheiratet, sondern um sich an ihr zu bereichern, schnödeten sie. Anna wurde Reichtum angedichtet, den sie nicht hatte, teure Seidenkleider und edlen Schmuck wollte man an ihr gesehen haben, dabei kleidete sie sich so einfach wie jede andere gewöhnliche Zürcherin. Sicher hausierte Zwingli nicht mit seinen Gefühlen für seine Frau, er äusserte sich wenig über Anna, auch in Briefen ist nicht viel über sie überliefert. Aber nach der Heirat schrieb er doch an einen Freund, den St. Galler Reformator Vadian: «Wer wollte bestreiten, dass die Ehe das allerheiligste ist?» Oder sein bekanntester Satz: «Nichts ist köstlicher als die Liebe.»

Das Pfarrhaus an der Kirchgasse wurde zum wichtigen Treffpunkt der Anhänger der Reformation. Glaubensgenossen und Studenten trafen sich hier zum Gedankenaustausch, Pläne wurden geschmiedet, aber auch Glaubensflüchtlinge und Bedürftige fanden hier Unterschlupf. Anna sorgte für alle, war die gütige Seele im Haus und auch ausserhalb, sie besuchte Arme und Kranke in der Kirchgemeinde ihres Mannes. Zwingli las ihr jeweilen seine Übersetzungen der Bibel vor, die er dann von Christoph Froschauer, dem ersten Buchdrucker in Zürich (der seine Offizin in der Froschaugasse hatte), drucken liess: die «Zürcher Bibel», bis heute die gebräuchliche Bibelübersetzung der evangelisch-reformierten Landeskirche der Schweiz.

War Anna stolz auf ihrem kämpferischen Mann, so bereitete ihr sein Kampfgeist aber auch grosse Sorgen. Sie sah, wie Zwingli die Bevölkerung spaltete und sich immer mehr Feinde schuf. Immer wieder wurde er gewarnt, nachts nicht alleine durch die Gassen zu gehen, es seien wieder Verdächtige in der Stadt gesichtet worden, die nach seinem Leben trachteten. Anna sorgte dann dafür, dass ihr Mann stets von einem Freund begleitet wurde, und auch andere Bürger der Stadt liessen Zwingli nicht alleine nach Hause gehen, wenn er bei ihnen zu Gast gewesen war.

Manchmal schmetterten betrunkene Katholiken faustgrosse Steine und wüste Flüche gegen Zwinglis Haus, bis sie gefangen genommen und eingesperrt wurden. Wieder andere versuchten ihn in eine Falle zu locken, wie jener finstere Mann, der spät nachts Zwingli angeblich ans Bett eines Todkranken holen wollte und weder den Helfer, der die Tür öffnete, noch jemand anderen akzeptieren wollte. Glücklicherweise schöpfte der Helfer Verdacht und liess den Fremden vor verriegelter Türe stehen. Am nächsten Tag erfuhren sie, Zwingli hätte auf ein Schiff geschleppt und fortgeschafft werden sollen. Die Belästigungen und Bedrohungen gegen ihn waren oft so schlimm, dass der Zürcher Rat Wachen vor sein Haus stellen musste.

Dann kam der Krieg. Noch zwei Jahre zuvor hatte ein Gemetzel zwischen den alt- und den neugläubigen Orten der Eidgenossenschaft verhindert werden können durch das gemeinsame Versöhnungsessen bei Kappel am Albis, «die Kappeler Milchsuppe». Doch nun brach der Konflikt aufs Neue aus.

Am 9. Oktober 1531 erklärten die fünf katholischen Urkantone Zürich den Krieg. Zwingli hatte es geahnt. Zwei Monate zuvor hatte er, als er mit seinem Begleiter vor dem Grossmünster stand, einen grossen Kometen am Himmel gesehen und gemeint: «Mich und manchen Ehrenmann wird es kosten!»

Auch hörte ihn Anna nachts in seinen Träumen immer wieder beten und stöhnen. Am 11. Oktober brachen die Zürcher auf zur Schlacht bei Kappel. Gegen Mittag nahm Zwingli Abschied von seiner Frau. Sie half ihm Harnisch und Helm anzuziehen. Das Pferd hingegen tat störrisch, wollte Zwingli erst nicht auf seinen Rücken steigen lassen, als ob es sich wehrte,

Das Haus zur Sul, in dem der ledige Zwingli wohnte, ehe er mit der schräg gegenüber in der Neustadtgasse wohnenden Anna Reinhart liiert war.

seinen Reiter in die Schlacht zu führen. Den ganzen Nachmittag hörten die Zürcher das Kriegsgedonner der Geschütze über den Albis. Es tönte schrecklich. Und schrecklich war auch die Nachricht, die Anna gegen Abend entgegennehmen musste. Ulrich Zwingli war in der Schlacht zu Tode gekommen. Und des Elends nicht genug: auch ihr Sohn Gerold, erst dreiundzwanzig und bereits selber Vater, dann ihr Bruder, ein Schwager, ein Schwiegersohn, alle waren sie gefallen. Anna war zum zweiten Mal Witwe. Sieben Jahre nur war sie mit Zwingli offiziell verheiratet gewesen.

Sie war nicht allein mit ihrem grossen Schmerz. Bis weit über die Landesgrenze hinaus fühlte man mit ihr, schickte ihr Trost, pries die Taten ihres Mannes. Der Reformator aus Strassburg, Wolfgang Capito schrieb ihr: «Meine herzliebe Frau, mir ist euer Kummer und Leid hochangelegen, wie ihr wohl denken könnet [...] Ach welch grosser Schaden ist allen Kirchen zugefügt worden. Denn unser ganzes Evangelium hat einen schweren Verlust erlitten durch den Hingang Eures lieben Ehegemahls [...] Man wird seiner nicht vergessen und die Seinen wird jedermann [sic!] lieb haben allewegen.» Oder ein reformierter Pfarrer und Anhänger Zwinglis, Simprecht Schenk aus Bayern, schrieb ihr: «Musste nicht eben da, wo Christus gekreuzigt, sein Evangelium ausbrechen, nach dem Spruche der alten Lehrer: Der Gläubigen Blut ist der Gläubigen Same? [...] So wird auch der Tod unsers Zwingli wuchern.»

Zwinglis Nachfolger am Grossmünster, der siebenundundzwanzigjährige Heinrich Bullinger, der selber eine grosse Familie hatte, nahm die mittellose Anna samt ihren Kindern in sein Haus am Zwingliplatz 3 auf. Viele kamen, um Anna zu besuchen. Die Achtung war gross vor dieser ersten Pfarrfrau der Schweiz, die so viel Leid ertragen und ihren Mann und weitere ihrer Liebsten der Reformation opfern musste.

Zwinglis Tod in der Schlacht bei Kappel. Neben Zwingli waren 26 Mitglieder des kleinen und grossen Rates, 25 Geistliche und ungefähr 400 Zürcher verwundet worden oder gefallen. Zwingli soll dort «von der Hand des Gegners bei Fackelschein den letzten Streich» erlitten haben.
Zwinglis Ermordung in einer Darstellung des Historienmalers Karl Jauslin (1842–1904).

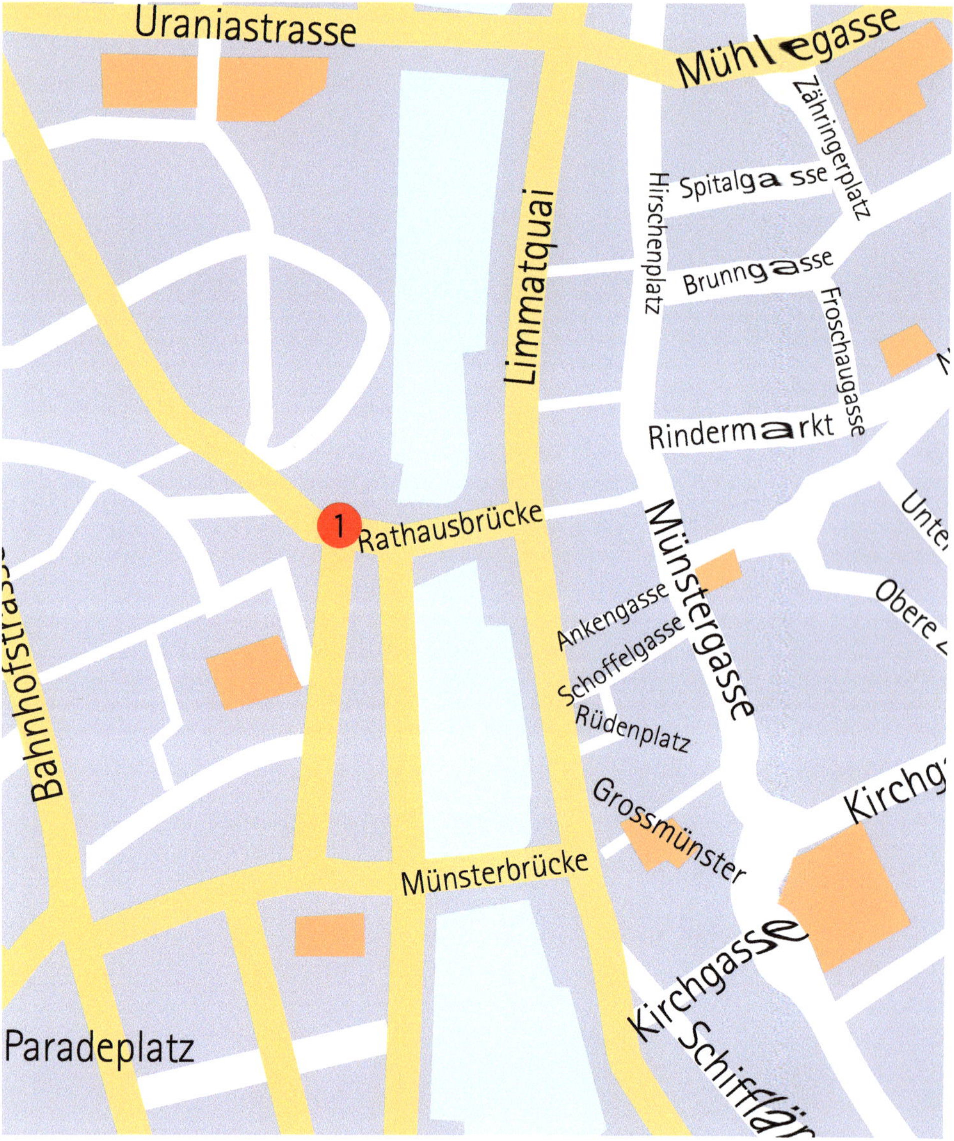

Giacomo Girolamo Casanova und Frau von Roll in Zürich:
Bei seinem Aufenthalt in Zürich im Jahr 1760 residierte Casanova im edlen Gasthaus «Zum Schwert» am Weinplatz 10 (1).

GIACOMO CASANOVA (1725–1798) UND FRAU VON ROLL

Ein Schwerenöter in Nöten

Giacomo Girolamo Casanova (1725–1798) war ein venezianischer Schriftsteller und Abenteurer. Von seinen Zürcher Abenteuern hat er in seinen Memoiren berichtet, und seitdem rätselt man, mit welcher Frau von Roll er es zu tun hatte.
Bild von Anton Raphael Mengs (1728–1779).

Rathausbrücke/Weinplatz, Gasthaus «Zum Schwert» (links); am anderen Ende der Brücke das Rathaus (vorne rechts). Seit dem 15. Jahrhundert befand sich hier ein Gasthof. Bereits ab dem 15. Jahrhundert eine Herberge, erlebte das Hotel seine Glanzzeiten im 17. und 18. Jahrhundert als eines der ersten Häuser Europas und kultureller Mittelpunkt Zürichs. Das Hotel wurde 1918 geschlossen. Goethe, Brahms, Liszt, Mozart, Wagner, Victor Hugo, Madame de Staël, Stefan Zweig, Zar Alexander I. und Louis Napoleon stiegen hier ab.
Eine Rekonstruktion der Rathausbrücke wurde durch den Architekten Hans Langmark auf der Basis des Müllerplans von 1794 vorgenommen; 1942 wurde das Modell von der Stadt Zürich erworben und ist heute im «Haus zum Rech» (Neumarkt 14) zu sehen.

«Der Kultus der Sinneslust war mir immer die Hauptsache: Niemals hat es für mich etwas Wichtigeres gegeben. Ich fühlte mich immer für das andere Geschlecht geboren; daher habe ich es immer geliebt und mich von ihm lieben lassen, soviel ich nur konnte. Auch die Freuden der Tafel habe ich leidenschaftlich geliebt, und ich habe mich für alles begeistert, was meine Neugier erregte.»

Dies schrieb Giacomo Cirolamo Casanova in seinen Erinnerungen. Und auch in Zürich fand der Geniesser, was sein Herz begehrte.

Casanova kam im Jahre 1760 nach Zürich. Nur die beste Gaststätte war ihm gut genug, und er fand hier gar eines der ersten Häuser ganz Europas: das Gasthaus «Zum Schwert», das auch andere grosse Geister, gekrönte Häupter und begnadete Künstler zu begeistern vermochte. Zum Beispiel Johann Wolfgang von Goethe: «Wohnen in einem allerschönsten Wirtshause, das an der Brücke steht, die die Stadt zusammenhängt, eine liebliche Aussicht auf den Fluss, See und Gebürge. Trefflich zu essen, gute Betten.» Oder Stefan Zweig: «Manchmal meinte man fast, als habe die ganze Stadt um dieses eine Haus sich geordnet und gebaut, so sinnvoll war dieser Gasthof in die Landschaft gestellt.»

Casanova hatte die Reise nach Zürich nicht geplant. Viel mehr war der Schriftsteller und Abenteurer Hals über Kopf hierher geflüchtet. Er war in Stuttgart in eine Falle getappt, hatte sich von drei Schurken mit Wein abfüllen lassen und sich dann beim Glücksspiel mit ihnen tief verschuldet. Nun forderten sie Geld oder Leben, und keines von beidem war Casanova gewillt, freiwillig herzugeben.

Seine Lage war also übel, aber er wäre nicht Casanova, verstünde er es nicht, das Beste daraus zu machen. Schon am zweiten Tag in Zürich unternahm er, um sich auf andere Gedanken zu bringen, eine ausgedehnte Wanderung, dem Zürichsee entlang, über grüne Hügelzüge, bis er schliesslich vor einem prächtigen Barock-Kloster stand: dem Kloster Einsiedeln. Der Abt höchstpersönlich führte ihn hinein in die reich geschmückte Kirche, zeigte ihm all die kostbaren Sehenswürdigkeiten, mit Edelsteinen verzierte Monstranzen, mit Gold und Perlen übersäte Gewänder. Casanova war dermassen ergriffen von der Pracht, dass es ihn plötzlich drängte zu beichten.

Casanova, der reuige Sünder

Drei Stunden kniete er vor dem Abt, bis ihn schliesslich ein heiliger Schauer überkam und er den Wunsch aussprach, Mönch zu werden. Das war nun allerdings auch für ihn etwas überraschend, aber nicht ganz ohne profanen Hintergedanken. Der Eintritt ins Kloster würde nicht nur der Rettung seiner Seele, sondern auch derjenigen seines Körpers dienen, hier wäre er bis ans Ende seiner Tage gschützt vor den Halunken aus dem Schwabenland. Der Abt, ebenfalls etwas überrumpelt von der plötzlichen Anwandlung dieses grossen Frauenverführers vor dem Herrn, forderte vierzehn Tage Bedenkzeit. Nicht zuletzt um zu prüfen, von wie grosser Dauer dieser überraschende Entschluss war und wie weit sich der Mönch in spe bereits auf sein künftiges keusches Leben würde einstellen können. In Zürich sollte Casanova auf den Bescheid des Abtes warten.

Casanova war zuversichtlich. Von den Damen, die er in

Zürich bereits gesichtet hatte, fühlte er sich von keiner in grosse Versuchung geführt. Lieber ergötzte er sich also an der herrlichen Natur rund um den See.

Eines Nachmittags sass er am Fenster in seinem Zimmer im Gasthaus am Fluss, blickte in die schneebedeckten Berge vor türkisblauem Himmel am Ende des Sees und lobte einmal mehr seinen Entschluss, dem Schöpfer dieser Herrlichkeit bald für immer dienen zu können. Da erspähte er ein Geschöpf desselben Schöpfers, das einer Kutsche direkt unter seinem Fenster entstieg, in Begleitung von drei weiteren Damen. Was er sah, schmeichelte seinem Auge. Welche Eleganz, welche Schönheit, welche grossen Augen, und die Haut wie Lilien und Rosen. Da hob die junge Frau unvermittelt den Kopf, als ob er sie gerufen hätte, und schaute ihn an. Länger als sich einer ehrbaren Dame geziemte, dünkte ihn.

Klostermauern gegen schöne Frauen

«Sterbliche», schrieb er später in seine Memoiren, sich an diesen Augenblick erinnernd, «versetzt euch an meine Stelle und widersteht, wenn ihr könnt, einer so unerwarteten Begegnung, und ihr Fanatiker beharrt, wenn ihr den Mut habt, bei dem lächerlichen Plan, euch in einem Kloster zu begraben, wenn ihr gesehen habt, was ich am 23. April in Zürich sah!»

Die Klostermauern, hinter denen Casanova seine Zukunft gesehen hatte, verschwanden in unsichtbarer Ferne.

Casanova lobte den Speisesaal des Gasthauses zum Schwert als «den glänzendsten Speisesaal der ganzen Schweiz». Doch an diesem Abend würde er an Glanz sogar noch gewinnen durch die Anwesenheit des neuen Gastes. Und Casanova wollte nah sein an diesem Glanz.

Er reservierte sofort beim Kellner den Nachbartisch. Doch welche Enttäuschung! Die vier Damen wünschten in ihrem Zimmer zu speisen, da sie früh zu Bett gehen würden, wurde ihm mitgeteilt. Sie wollten in aller Frühe nach Einsiedeln reisen. Ausgerechnet Einsiedeln!, dachte Casanova. Doch als der Kellner anfügte, die schönste der Damen hätte sich erkundigt, wer der Herr wohl sei, der im Zimmer über dem Haupteingang logiere, war Casanova wieder ganz zufrieden. Innerlich blies er leise das «Halali».

Wie weiter? Sollte er ebenfalls nach Einsiedeln reisen? Und wenn er dort den Abt treffen würde, jetzt, wo ihm so gar nicht mehr klösterlich zumute war? Was wollten die Frauen überhaupt in Einsiedeln? Sehr fromm konnte die Schöne nicht sein, schätzte er, sie schien ihm das Vergnügen zu sehr zu lieben.

Der Kellner Casanova

Da kam ihm eine Idee. Er drückte dem Kellner ein Goldstück in die Hand und bat ihn um seine grüne Schürze: «Ich werde an deiner Stelle den Damen das Abendessen auf ihr Zimmer bringen», sagte er.

Er band sich die Schürze über seine scharlachrote goldbesticke Weste, öffnete seinen Zopf und glaubte, hiermit sein nobles Aussehen genügend kaschiert zu haben. Casanova betrat das Zimmer der Damen.

«Beeilen Sie sich», rief ihm sogleich eine schrille Stimme entgegen, «wir wollen noch vor Tagesanbruch wieder weiter.» Es war eine der Begleiterinnen seiner Schönen, die so sprach. Eine Dame von wenig ansprechendem Äusseren, wie Casanova fand. Die Schöne ihrerseits starrte ihn wie versteinert an. Sollte sie ihn erkannt haben?

Casanova stellte erst die dampfende Suppe auf den Tisch, brachte dann das Rindfleisch und zerlegte den gekochten Kapaun. Die Schöne bemerkte, wie elegant und gekonnt er seine Arbeit verrichtete und machte ihm Komplimente. Ebenfalls nicht entgangen waren ihr die teuren englischen Spitzen an seiner Manschette. Er hatte diese zwar beim Tenue-Wechsel noch hastig unter die Ärmel seines Jacketts gesteckt, doch sie hatten sich während der Arbeit wieder frech an die Oberfläche gedrängt.

«Lassen Sie mich Ihre prachtvollen Spitzen sehen», rief die Schöne entzückt.

«Danke, gnädige Frau», entgegnete Casanova, und nie um eine geschickte Antwort verlegen: «Es sind alte Spitzen, ein vornehmer Gast hier im ‹Schwert› hat sie mir einmal geschenkt.»

Er trat vor die Dame und knöpfte sich den Ärmel seines Jacketts auf, damit sie den kunstvoll verzierten Stoff besser sehen konnte.

Da begann sie, die Spitzen langsam ganz hervorzuziehen und diese mit grosser Hingabe zu studieren, wobei sie sich so weit vorbeugte, dass Casanova so viel an Lilien- und Rosenfarbenem zu sehen bekam, dass er seinerseits in grosse Verzückung geriet. Er war sich jetzt sicher, dass sie ihn zwar wiedererkannt hatte, sich jedoch ihren Freundinnen gegenüber nichts würde anmerken lassen. Sie wollte seine Verbündete sein! Vielleicht noch heute Abend ...

«Aber meine Liebe», es war dieselbe schrille Stimme von vorher, die ihn aus seinen Träumen riss, diesmal richtete sie sich an die schöne Freundin: «Was für eine Neugier! Man sollte meinen, du hättest in deinem Leben noch keine Spitzen zu sehen gekriegt.»

Die Tafel wurde aufgelöst, Casanova räumte das Geschirr weg. Die drei Begleiterinnen zogen sich aufs Sofa zurück, die

Casanova als Lustreisender: Er bereist im 18. Jahrhundert ganz Europa – sein Ziel: der grösstmögliche Genuss. Seine Memoiren erschienen erst nach seinem Tod, aber wegen der freizügigen Bilder im Buch wurden die Druckplatten und manchmal fast die gesamte Auflage von den Behörden zerstört. Das Buch gehört zur Weltliteratur. Der Schriftsteller und Vorsitzende des deutschen PEN-Clubs, Hermann Kesten, meinte anerkennend: «Das ganze 18. Jahrhundert tummelt sich in seinen Memoiren und lacht, und räsoniert, und hurt, in keinem anderen Buch ist es so lebendig, so deutlich, so zum Riechen, Fühlen, Schmecken nah.»

Schöne blieb am Tisch sitzen und begann in ein Heft zu schreiben. Der Kellner wurde nicht mehr weiter beachtet, zu seinem Missfallen. Doch er hatte noch einen Pfeil im Köcher.

Casanova räusperte sich und meinte zur Dame am Tisch, wenn er sich noch eine Bemerkung erlauben dürfe, die gnädige Frau trage noch ihre Stiefel, sie möchte doch wohl damit nicht zu Bett gehen. Er wäre gerne bereit, ihr in dieser Angelegenheit behilflich zu sein.

Warum nicht, meinte die Angesprochene gleichgültig, wandte sich wieder ihrem Heft zu und liess ihn gewähren. Casanova kniete vor seiner Schönen nieder, schnürte langsam ihre Stiefel auf, löste die Schnalle am Band ihrer Kniehose unter dem Rock, begann ihre wohlgeformten Waden zu ertasten, ohne dass sie Einhalt geboten hätte, sie schien sich ganz auf ihr Schreiben zu konzentrieren, und er wäre wohl noch weiter gegangen, hätte sie nicht doch plötzlich gerufen: «Nun ist es aber genug, mein Herr, gehen Sie. Morgen Abend werden wir uns wiedersehen.»

Am nächsten Tag fuhren die Damen in aller Früh nach Einsiedeln. Und der Abt von Einsiedeln fuhr nach Zürich. Die vierzehn Tage Bedenkzeit waren verstrichen. Der Abt hatte sich entschieden, nicht zuletzt, weil ihm nichts Nachteiliges aus der Zürcher Gesellschaft über Casanova zu Ohren gekommen war: Dieser sollte ins Kloster aufgenommen werden. Allzu erstaunt war er aber wohl nicht, als ihm Casanova gestand, er hätte nun doch andere Pläne.

«Dazu wünsche ich Ihnen Glück», entgegnete der Geistliche: «Ich will Ihnen sogar im Vertrauen sagen, dass es viel leichter ist, selig zu werden, wenn man in der Welt bleibt, wo man seinen Nächsten nützlich sein kann, als wenn man sich in ein Kloster einschliesst, wo man weder für sich noch für andere zu etwas gut ist.»

Casanova lobte den Abt als einen Ehrenmann mit gesundem Menschenverstand.

Gegen Abend, die Uhr am St. Peter schlug gerade sechs, brachte die Kutsche die vier Damen aus Einsiedeln wieder zurück zum Gasthof an der Limmat. Casanova waren plötzlich Zweifel gekommen. Hatte die Schöne, um die lange Fahrt etwas zu versüssen, ihre Freundinnen wohl nicht doch in ihr kleines pikantes Geheimnis eingeweiht? Im Verborgenen beobachtete er die vier, wie sie dem Gefährt entstiegen. Und tatsächlich: Sofort blickten alle zu seinem Fenster hinauf. Das war ihm deutlich genug! Sie wussten alles. Er konnte seine Maskerade nicht mehr fortsetzen, ohne sich zum Gespött der Frauen zu machen! Zorn stieg in ihm auf. Die Verräterin! Hatte sie ihr Interesse an ihm, das sie gestern noch so offensichtlich gezeigt hatte, schon wieder verloren? Oder war sie mutlos geworden?

Casanova ging in die Stadt, um sich zu zerstreuen. Er wusste auch, wo. Er hatte mittlerweile doch die eine oder andere Zürcherin kennengelernt, mit der es sich ganz anständig die Zeit vertreiben liess. Einzig die Unterhaltung wollte nicht so recht klappen. Die Frauen sprachen die Schweizer Mundart, «eine harte Abart der deutschen Sprache», fand Casanova, und er war eigentlich der Meinung, dass ohne das Vergnügen der Sprache das Vergnügen der Liebe diesen Namen nicht verdiene. Aber für diesmal würde es reichen.

Als er spät abends wieder ins «Schwert» zurückkehrte, empfing ihn sein Diener Leduc, der ihn nach Zürich begleitet hatte, und bestätigte seine Vermutung: Sein Kellnertheater vom Vorabend war aufgeflogen, sogar der Wirt hätte sich köstlich amüsiert und sich eine Fortsetzung gewünscht.

Immerhin wusste Leduc Neues über die Damen zu berichten. Sie kämen aus Solothurn, die Schöne heisse von Roll und sei seit kurzem mit einem älteren Herrn verheiratet. Ihre drei

Begleiterinnen sollen sich beim Essen nach ihm, Casanova, erkundigt haben, nicht aber die Schöne, die sei nur schweigsam, ja geradezu teilnahmslos dagesessen und hätte einen ganz traurigen Anblick geboten. Morgen in der Früh wollten sie zurück in die Ambassadorenstadt.

Casanova wusste nicht, was er von der Geschichte halten sollte. Da hatte ihn diese Frau von Roll verraten und hätte ihn willentlich der Lächerlichkeit preisgegeben, wäre er ihr nicht rechtzeitig auf die Schliche gekommen, und doch schien sie nun betrübt über seine Abwesenheit. Ach! Frauenzimmer!

Auch Casanaova stand am nächsten Tag beizeiten auf. Er stellte sich hinter die dicken Vorhänge an seinem Fenster und wartete. Es ging nicht lange, da trat eine Dame nach der anderen aus dem Gasthaus, Frau von Roll als letzte. Als wollte sie prüfen, ob die Wolken Regen brächten, schaute sie nach oben und liess den Blick, ohne den Kopf zu bewegen, zu seinem Fenster schweifen. Da schob Casanova den Vorhang ein wenig zur Seite, winkte erst ganz sachte und warf ihr dann eine Kusshand zu. Und er sah – er war überzeugt davon – die Sonne aufgehen in ihrem Gesicht, er sah, wie sie ihm ihr anmutigstes, strahlendstes, freudigstes Lächeln schenkte. Fast unmerklich winkte sie zurück. Casanovas Zweifel waren verflogen. Kein Zorn glühte mehr in ihm, vielmehr Hoffnung. Das Feuer der Begierde ohnehin. Dieses Abenteuer würde er zu einem glücklichen Ende führen. Er war sich seiner sicher, sie wollte es auch. Sein nächstes Reiseziel war Solothurn.

Was dann geschah, wird man wohl in der Ambassadorenstadt erfahren. Ob man sich dort wohl brüstet, in Zürich hätte es einer Solothurnerin bedurft, um Casanova den Kopf zu verdrehen?

Johann Heinrich Pestalozzi und Anna Schulthess in Zürich:
Pestalozzi wuchs im Haus zum Roten Gatter an der Münstergasse 23 (1) auf.
Als Johann Heinrich Anna zu umwerben begann, wohnte sie noch im Haus ihrer Eltern am Rüdenplatz 4 (2).
Pestalozzi studierte Theologie an der Lateinschule im Carolinum am Grossmünster (3), brach das Studium aber ab.

JOH. HEINRICH PESTALOZZI (1746–1827) UND ANNA SCHULTHESS (1738–1815)

Ein unermüdliches Kämpfen in der Liebe und im Leben

Joh. Heinrich Pestalozzi und Anna Schulthess, gemalt von Georg Friedrich Adolph Schöner (1774–1841).

Das Haus zum Roten Gatter an der engen Münstergasse 23; es ist das mittlere der drei roten Häuser. Hier wuchs Johann Heinrich Pestalozzi auf. Schräg gegenüber befindet sich der Beginn der Spiegelgasse und heute das Cabaret Voltaire («Dada-Haus»).

«Die Szene war grausam, als sich die Hoffnung für Menalks Leben verlor.»

Anna starrte sprachlos auf den Brief in ihren Händen. Unterschrieben mit «Ihr P.» Sie kannte den Absender, er war ein Freund ihres Geliebten gewesen, sie hatte ihn oft an Menalks Krankenbett getroffen, und die ersten Worte seines Briefes hatten sie noch gerührt.

Aber was um Himmels Willen wollte dieser Heinrich Pestalozzi von ihr?

Ja, ihr lieber, guter Menalk, eben hatte sie noch, in Tränen aufgelöst, sein wächsernes Gesicht in ihren Händen gehalten, dann hatte man ihn ihr weggenommen und in den Sarg gelegt, dahingerafft von einer Lungenkrankheit. Aber dann schrieb Pestalozzi dies: «Grausam wird die Szene sein, wenn auch die Hoffnung Ihrer Gegenliebe mich täuschen und sich verlieren wird.»

Gegenliebe? War er denn von allen guten Geistern verlassen? Ihr Freund noch nicht unter dem Boden, und schon hoffte er auf ihre Gegenliebe? Sie konnte sich ja noch nicht einmal vorstellen, jemals wieder lieben zu können, und schon stürmte er: «Mein Glück, meine Ruhe, die Zukunft, ich, ich ganz, hänge von dieser Antwort ab. Eilen Sie, ich bitte Sie auf den Knien, zu antworten.»

Anna war zu gutherzig, um nicht sofort zurück zu schreiben. Irgendwie tat ihr dieser junge, unerfahrene Mann, der ihretwegen dermassen ausser sich war, auch leid. Aber sie liess sich nicht drängen.

«Sie sind zu ungestüm, geben Sie mir Zeit», schrieb sie.

Ein wegweisender Anfang einer spannungsreichen, aber auch herzerweichenden Liebesgeschichte. Der Liebesgeschichte zwischen dem impulsiven und hartnäckigen Heinrich Pestalozzi und der besonnenen Anna Schulthess. Es war auch der Anfang eines intensiven Briefwechsels: 468 Briefe sind erhalten, geschrieben zwischen Frühling 1767 und Herbst 1769. Bestimmt waren es noch mehr.

Anna war neunundzwanzig, als Pestalozzi um sie zu werben begann. Ihre Freundinnen waren alle längst verheiratet, nur sie wohnte noch bei den Eltern, im Haus zum Pflug am Rüdenplatz 4.

An Chancen bei den Männern hatte es ihr nie gemangelt. Sie war schön, klug, gebildet, fromm und stammte aus einer wohlhabenden und einflussreichen Zürcher Kaufmannsfamilie. Die Mutter führte die familieneigene Zuckerbäckerei am Rüdenplatz, wo Anna mithalf, seit sie fünfzehn war; der Vater war sehr engagiert in der Saffran-Zunft. Das war die einflussreiche Zunft der Kaufleute, die «Krämer, und die nach Kram ir Kauffes farend», Apotheker, Seckler (Bandagisten), Gürtler, Strehlmacher, Nadler, Posamenter (Seidenbandweber), Hutstaffierer, Federen-Schmücker, Bürstenbinder, Knopfmacher und Zuckerbäcker.

So sehr es Anna gewöhnt war, umschwärmt zu werden, so sehr fürchtete sie eine Enttäuschung. Sie blieb den Männern gegenüber lieber zurückhaltend. Menalk war ihr am nächsten gekommen, Johann Kaspar Bluntschli, wie er eigentlich geheissen hatte. Er war Theologe gewesen, von edlem Charakter und bei allen beliebt. Er hatte Anna nie bedrängt, er hatte ihrer Liebe Zeit zum Wachsen gelassen.

Ein Liebe Suchender erbettelt Zuneigung

Ganz im Gegensatz zu diesem ungestümen Pestalozzi, dachte Anna. Wenn er sich nur ein Beispiel an Menalk nehmen würde, schliesslich war der ihm auch in anderen Belangen ein Vorbild gewesen! Er schrie seine Angst, neben ihrem verstorbenen Geliebten nicht bestehen zu können, auch förmlich hinaus in seinen Briefen: «Ihm gleich muß der Mann sein, den Sie lieben können. Und ich! Wer bin ich? Welcher Abstand! Wie fühle ich schon den Todesstreich der grausamsten Worte, daß ich Menalk nicht gleich, daß ich Ihrer unwert!»

Die beiden Freunde hatten dieselben hehren Ziele und Ideale verbunden: die Armen aus ihrem Elend zu retten, die Reichen aus ihrer Sattheit und Selbstherrlichkeit zu schütteln.

Pestalozzi war selbst in ärmlichen Verhältnissen aufgewachsen. Sein Vater, ein Chirurg, starb, als er sechs war. Mit seiner Mutter und seinen beiden Geschwistern wohnte er im Haus zum Roten Gatter an der engen Münstergasse 23, ein Ort, den kaum je ein Sonnenstrahl traf. Die Familie pflegte kaum Kontakt zu anderen Leuten.

«Ich war gehütet wie ein Schaf, das nicht außer den Stall darf», schrieb Pestalozzi. «Ich kam nie zu den Knaben meines Alters auf die Gasse, kannte keines ihrer Spiele, keine ihrer Übungen, keines ihrer Geheimnisse.»

Als Sonderling galt er, als Träumer, mit zwei linken Händen. «Heiri Wunderli von Thorlicken» nannten ihn seine Schulkameraden. Erst im jungen Erwachsenenalter fand er gleichgesinnte Freunde, die ihm Verständnis und auch Achtung entgegenbrachten.

Sein Freund, der Theologe Johann Caspar Lavater sagte über ihn: «Zur Besorgung würde ich Pestalozzi nicht einmal meinen Hühnerstall anvertrauen, aber wenn ich König wäre, würde ich ihn zu meinem ersten Rate machen.»

Eine treffliche Einschätzung. Als Unternehmer sollte Pestalozzi dereinst scheitern, als Pädagoge hingegen Bedeutendes leisten.

Das Warten auf ein Zeichen der «Gegenliebe» von Anna brachte Pestalozzi fast um den Verstand: «Habe Hoffnung, habe dann wieder keine [...], finde keinen Schlaf, keine Ruhe: ich verzehre mich selbst. Ich gedenke den ganzen Tag nur an Sie.»

Doch Anna blieb zurückhaltend: «Ehe wir weiter gehen, Edler, kommen Sie zuerst aus Ihrer unbegründeten Entzückung zurück. Lernen Sie mich in meiner Natur kennen, meine guten und schlechten Seiten.» Auch solle er bedenken, dass sie acht Jahre älter war als er – neunundzwanzig, keine junge Frau mehr!

Doch noch schwerer wog für sie, dass ihre Eltern nichts von Pestalozzi wissen wollten: ein Mann ohne Beruf, ohne Geld, von unansehnlichem, ungepflegtem Äusseren, stets in denselben abgewetzten Mantel gehüllt, vornüber gebeugter Gang, immer leicht stolpernd – durchs Leben stolpernd –, so sah kein Wunschschwiegersohn aus. Und wenn sie geahnt hätten, dass dieser Taugenichts dereinst einer der berühmtesten und wichtigsten Schweizer werden sollte? Der Wegbereiter der modernen Pädagogik, dessen Einfluss in die Schulstuben auf der ganzen Welt dringen würde, nach dessen Namen einst Schulen, Bibliotheken, Stiftungen, Strassen benannt würden?

Pestalozzi liess sich nicht entmutigen, schickte Anna beharrlich seitenlange Briefe voll der glühendsten Liebesbezeugungen, offenbarte ihr seine tiefsten Gefühle, Ängste, Ziele. Sie verfehlten ihre Wirkung bei Anna nicht: «Unbedachtsamer! Ihre Feder ist einnehmend!»

Auch sie gab auf Papier wohl mehr preis als sie es mündlich getan hätte. Und willigte immer häufiger ein, ihn zu treffen. Hinter dem Rücken von Annas Eltern, meist nachts in den engen, dunklen Gassen der Stadt oder ausserhalb der Stadtmauern, morgens um vier auf Spaziergängen am See.

Annas Zuneigung für diesen schwärmerischen Idealisten wuchs. Sie spürte sein gutes Herz, sie bewunderte seine Leidenschaft, mit der er die Welt verbessern wollte. Sicher hatte er sein Theologiestudium an der Lateinschule im Carolinum am Grossmünster abgebrochen, auch das Studium der Rechte beim bis weit über die Landesgrenze hinaus berühmten Johann Jakob Bodmer. Aber beides nicht aus Faulheit, wie ihm Annas Eltern vorwarfen. Die Studien waren nicht mit seinen Zielen vereinbar.

Auf dem Weg zum Pädagogen

Beeinflusst vom Aufklärer und Pädagogen Jean-Jacques Rousseau, empfand Pestalozzi die Stadt als krankmachend und Zürich geradezu als «Zusammenfluss des Lasters und des Elends». Er sehnte sich nach dem einfachen Landleben, wie er es seit seiner Kindheit kannte, von seinen vielen Besuchen im Weinbauerndorf Höngg bei seinem Grossvater, der dort Pfarrer war. Dabei hatte er aber auch die Armut der Bauern gesehen, wie rechtlos und ungebildet sie waren. Und dieser unterprivilegierten Bevölkerungsschicht wollte er nun helfen. Er wollte selber Bauer werden, mit eigenem Landgut, und anderen Bauern ein gutes Beispiel sein. Und er wollte Annas Eltern beweisen, dass er eine Familie ernähren konnte. Er war überzeugt, dass sie schon bald in eine Heirat einwilligen würden.

Doch im Haus zum Pflug dachte man nicht daran. Dort

hatte man für Anna einen Mann aus gehobenem Stand im Sinn, den Sohn eines befreundeten Seidenfabrikanten aus Lyon.

Anna zerriss es manchmal fast zwischen Elternhaus und Geliebtem. Sie liebte ihren Heinrich, aber sie wusste, dass es sich für eine Tochter nicht gehörte, sich dem Willen der Eltern zu widersetzen. Und dass man nicht unter seinem Stand heiratete. Auch kamen ihr manchmal selbst Zweifel, ob sie glücklich werden würde als einfache Bäuerin, sie, die Städterin, die Wohlstand gewohnt war. Zudem: Würde sie glücklich werden an der Seite eines Mannes, der ihr gestanden hatte: «Ich werde meines Lebens, ich werde der Tränen meiner Gattin, ich werde meiner Kinder vergessen, um meinem Vaterland zu nützen»?

Dann wieder war sie sich sicher, dass sie, umfangen von seiner grossen Liebe, alles würde ertragen können. Sie spürte, sie musste sich entscheiden, und zwar bald, wollten sie nicht beide wahnsinnig werden.

«Mein teurer Freund, den ich gewiss nicht ohne die besonders gütige Leitung der Vorsehung kennenlernen musste, den ich nicht anfing zu lieben, bis ich ganz von seiner Tugend, seinen Vorzügen, seinem edlen Herzen überzeugt war. Freund, Sie hielten jede Prüfung aus!», schrieb sie Pestalozzi schliesslich im August 1867.

Ab dann duzten sie sich. Pestalozzis Mutter weinte vor Freude, als ihr Sohn ihr die nahe Verlobung mitteilte. Annas Mutter hätte wohl auch geweint, aber vor Wut, hätte Anna gewagt, es ihr zu sagen. Aber ihre Eltern blieben vorerst ahnungslos.

Eine Beziehung in Prüfungen

«Sie hielten jede Prüfung aus», hatte Anna ihrem Geliebten geschrieben. Sie ahnte nicht, wie viele mehr noch auf ihn zukommen sollten. Auf sie beide.

Die nächste Prüfung folgte sogleich. Eine längere Trennung. Im bernischen Kirchberg wollte sich Pestalozzi anderthalb Jahre lang in moderner Landwirtschaft ausbilden lassen, bei Johann Rudolf Tschiffeli, der sich weitherum einem Namen gemacht hatte als Förderer und Erneuerer des Landbaus.

Viele sehnsuchtsvolle, oft tränennasse Briefe gingen nun hin und her zwischen Kirchberg und Zürich, Pestalozzis Post musste den Umweg über Lavater oder andere eingeweihte Freunde nehmen, Annas Eltern hätten seine Briefe zerrissen, wären sie ihnen in die Hände gekommen.

Er war noch kaum einen Monat in Kirchberg, schmiedete Pestalozzi bereits Pläne, sich ein eigenes Landgut zu kaufen. Ohne genügend Kenntnisse, ohne genügend Geld! Der Kaufmannstochter Anna, die gut rechnen gelernt hatte, wurde schwindlig über so viel Naivität. Zum ersten, aber längst nicht zum letzten Mal mahnte sie ihren Geliebten zur Besinnung in geschäftlichen Angelegenheiten. Mit mässigem Erfolg.

Pestalozzi brach seine Lehre vorzeitig ab und kaufte sich in Birr im Aargau ein Stück Land, mit geliehenem Geld. Hier wollte er einen landwirtschaftlichen Betrieb aufbauen. Im benachbarten Mülligen fand er eine Wohnung in einem halb verfallenen Herrenhaus. Nun fehlte nur noch Anna in diesen Räumen. Doch sie wartete noch immer auf den Segen ihrer Eltern.

Er hatte nun ein Stück Land, eine Wohnung, Hoffnung auf ein beträchtliches Einkommen, nun sollte diesem Segen eigentlich nichts mehr im Wege stehen, fand Pestalozzi, nun wollte er stolz vor Annas Eltern hinstehen und um die Hand ihrer Tochter anhalten. Sie zum Katholizismus zu bekehren, wäre wohl einfacher gewesen!

Was er denn glaube!, schrien die Eltern Schulthess. Niemals würde er ein guter Geschäftsmann werden, niemals ihrer Tochter Wohlstand und ein ruhiges Leben bieten können. Und sie jagten ihn aus dem Haus wie einen räudigen Hund.

«Der Auftritt war entsetzlich!», schrieb Pestalozzi am nächsten Tag an Anna. «Mir schaudert, wenn ich daran denke. – Sie sahen nicht, was du littest. O Gott, mit jedem Wort zerrissen sie dein Herz und zwangen mich, harte Worte zu sagen.»

Ein etwas rebellischerer Geist hätte sich nun endgültig auf die Seite des Geliebten geschlagen. Doch Anna zauderte weiter.

Und Pestalozzi kämpfte weiter, schickte Annas Eltern zum Beweis seiner angezweifelten unternehmerischen Fähigkeiten immer wieder Rapporte über abgeschlossene Geschäfte. Freunde der Familie und Annas Brüder setzten sich für das junge Paar ein. Monate verstrichen. Pestalozzi litt, Anna litt, flehte ihre Eltern an. Da endlich hiess es: dann halt.

Die Hochzeit

Aber: Diese unstandesgemässe Hochzeit dürfe unter keinen Umständen unter den Augen der Zürcher stattfinden. Und mit der Anwesenheit der Eltern Schulthess wäre nicht zu rechnen. Mitgift gäbe es auch keine, Anna dürfe einzig ihr eigenes Angesparte mitnehmen, ihre Kleider und das Klavier.

Anna schrieb sofort an ihren Zukünftigen, folgsame Tochter und treue Geliebte zugleich: «Ich freue mich dieser Annäherung unausprechlich, so sehr, dass sich jede Trauer des

Am Rüdenplatz 4 wohnte Anna Schulthess vor ihrer Heirat mit Pestalozzi. Heute befindet sich dort unter anderem ein Kosmetik- und Duftladen.

Scheidens in mir verdrängt. Wenn ich nur Dir auch das bin, was ich sein sollte! [...] Mein Gott, steh uns bei, den rechten Endzweck nicht zu verfehlen! Ich umarme Dich aufs zärtlichste und bin bald ganz die Deinige Schulthess.»

Ein unendlich erleichterter Pestalozzi antwortete: «Ich danke Gott, gewiss der Aussicht der nahen ganzen Zufriedenheit unserer Lieben, und umarme Dich mit der Zärtlichkeit eines hoffnungsvollen, glücklichen Geliebten. Ewig ganz Dein Pestalozze.»

Die Hochzeit fand am 30. September 1769 statt, in einer kleinen Kirche im aargauischen Gebenstorf. Zweieinhalb Jahre hatte Pestalozzi um Anna gekämpft und gelitten. Endlich trug er sie stolz und glückselig über die Schwelle ihres gemeinsamen Heimes in Mülligen.

Ein Jahr später kam der einzige Sohn des Paares zur Welt, sie nannten ihn Hans Jakob, nach Pestalozzis grossem Vorbild Jean-Jacques Rousseau.

Wenige Monate nach der Hochzeit, zur Weihnachtszeit, wo man Türen und Herzen öffnet, hiessen schliesslich auch die Eltern Schulthess Pestalozzi in ihrem Haus willkommen. Sie boten dem jungen Paar sogar finanzielle Unterstützung. Aber sie sollten recht behalten: Pestalozzis Landwirtschaftsbetrieb und Armenanstalt auf dem Neuhof in Birr florierten nicht. Auch das Waisenhaus in Stans und die Schule in Burgdorf, die er gründete, wurden bald wieder geschlossen.

Er war kein Unternehmer, oft zu gutgläubig und gutmütig, meist zu chaotisch. Aber so wie er um Anna gekämpft hatte, so kämpfte er mit derselben Leidenschaft und demselben unbeugsamen Willen für seine Ideale und Ziele, trotz Niederlagen, Demütigungen und Widerständen. Und Anna kämpfte tapfer

Pestalozzis Grabstätte in Birr mit der Inschrift:
«Hier ruht Heinrich Pestalozzi, geb. in Zürich am 12. Jänner 1746, gest. in Brugg am 17. Hornung 1827. Retter der Armen auf Neuhof. Prediger des Volkes in Lienhard und Gertrud, zu Stanz Vater der Waisen. Zu Burgdorf und Münchenbuchsee Gründer der neuen Volksschule. Zu Iferten Erzieher der Menschheit. Mensch, Christ, Bürger. Alles für Andere, für sich Nichts. Segen seinem Namen!»

mit, auch wenn sie sich an vieles gewöhnen musste, das ihr als wohlbehütete Tochter aus reichem Haus fremd war.

Endlich tat Pestalozzi, was er am besten konnte: Er begann zu schreiben, er veröffentlichte erzieherische Gesellschaftsromane, die ihn berühmt, aber nicht reich machten.

Und schliesslich hatte er auch als Pädagoge Erfolg. Seine letzte Schule in Yverdon genoss einen hervorragenden Ruf bis weit über die Landesgrenze hinaus. Erzieher aus ganz Europa kamen, um seine Unterrichtsmethoden kennen zu lernen. Anna war die gute Seele des Hauses, alle liebten und achteten sie ihrer Güte und Freundlichkeit wegen. Pestalozzi durfte lehren, aber die Schule selber leiten liess man ihn nicht mehr. Seine Mitarbeiterin, die Pädagogin Rosette Niederer-Kasthofer beurteilte ihn ähnlich wie der junge Lavater: «Ich halte Pestalozzi als einen, der für den praktischen Teil des Lebens untauglichsten und unzuverlässigsten Menschen, den die Erde trägt. Doch sein inneres Wesen enthält Töne, welche die ganze Menschheit durchtönen und die durch die Ewigkeit der Zeiten nachhalten werden.»

Viel unbeschwertes Glück erlebten Anna und Heinrich Pestalozzi nicht in ihrem gemeinsamen Leben. Aber ein Band der Liebe, des gegenseitigen Respekts und der Achtung hielt die beiden stets zusammen. Das Band wurde manchmal arg gedehnt, aber reissen tat es nie.

Regula Engel-Egli und Florian Engel in Zürich:
Auf der Kornamtswiese am heutigen Bahnhofquai 3 (1) stand das zweite Waisenhaus, in dem Regula Engel-Egli als Kind lebte.
Im Predigerspital am Zähringerplatz wurde die damals schon über 80-Jährige Engel-Egli als Extra-Kostgängerin aufgenommen. Heute befindet sich dort die Zürcher Zentralbibliothek (2).
An der Uraniastrasse 1 (3) im ehemaligen Oetenbach-Kloster befand sich das Waisenhaus, wo Regula Engel-Egli und ihr Bruder einen Teil ihrer Kindheit verbrachten, nachdem die Mutter die Familie verlassen hatte.

REGULA ENGEL-EGLI (1761–1853) UND FLORIAN ENGEL

Eine Liebe im Schlachtenlärm

Regula Engel-Egli, Waise, Ehefrau, Mutter, Soldatin, Witwe. Von ihrem Mann gibt es weder ein Bild noch sonstige Lebensdaten.

Das Oetenbach-Kloster (unten links), ein ehemaliges Dominikanerinnen-Kloster. Nach der Reformation war es ein Zuchthaus und dann bis 1771 Waisenhaus, bis das Gebäude an dieser Stelle anfangs des 20. Jahrhunderts gänzlich aufgehoben wurde. Heute befindet sich dort ein Parkhaus.
Luftaufnahme des Ballonkapitäns Eduard Spelterini, ca. 1896.

«Make love, not war», hiess es in den 1960er-Jahren. Knapp 200 Jahre früher schafften Regula und Florian Engel-Egli beides: 21 Kinder brachte Regula zur Welt (in Worten: einundzwanzig), das letzte im Alter von fünfzig Jahren. Und während dieser ganzen Zeit begleitete sie ihren Mann auf und neben den Schlachtfeldern Europas. Sie war eine erstaunliche, tapfere Frau mit einem aussergewöhnlichen Lebenslauf.

Regula Egli hatte einen schweren Start ins Leben. Ihre Kindheit in Zürich war nicht schön gewesen. Als sie sechsjährig war, verliess ihre Mutter die Familie. Sie hatte genug von ihrem Ehemann, der den ganzen Lohn versoff, den er als Soldatenanwerber für die preussische Armee verdiente.

Regula und ihr halbblinder Bruder kamen ins Waisenhaus, ein düsterer Ort im ehemaligen mittelalterlichen Oetenbach-Kloster. Auch Straftäter waren dort untergebracht. Regula war unglücklich und stets kränklich. Doch als die Kinder fünf Jahre später ins neue grosse Waisenhaus auf der Kornamtswiese übersiedeln konnten (heute die Urania-Hauptwache der Stadtpolizei), blühte sie auf.

Das Glück dauerte ein Jahr. Dann holte Vater Egli Regula und ihren Bruder zurück. Aber nicht etwa weil er sich nach seinen Kindern gesehnt hätte. Er war in der Zwischenzeit wieder zu Geld gekommen, hatte sich auch wieder verheiratet, jetzt hätte er für sie im Heim bezahlen müssen. Seiner neuen Frau passte der unverhoffte Familienzuwachs gar nicht, dies gab sie den Kinder auch erbarmungslos zu spüren, und zwar so schlimm, dass die zwölfjährige Regula von zu Hause ausriss und die abenteuerliche Reise zu ihrer Mutter nach Chur wagte. Leider war sie auch bei ihr nicht wirklich willkommen. Aber wenige Jahre später fand sie in der Bündner Stadt endlich jemanden, der offene Arme hatte für sie.

Regula verliebte sich sofort in Florian Engel, beziehungsweise zuerst in seine rassige Uniform mit den glänzenden Knöpfen. Florian war ein grossgewachsener Bündner aus Langwies, Offizier im Schweizer Fremdenregiment der französischen Armee. Als er um sie warb, heiratete sie ihn auf der Stelle. Sie war 17 und hatte zum ersten Mal in ihrem Leben jemanden, der ihr Aufmerksamkeit und Liebe schenkte. Deshalb wollte sie nach der Heirat auch nicht wie die meisten Offiziersgattinnen zu Hause bleiben und Kinder aufziehen. Nein, sie wollte an der Seite ihres Mannes bleiben und mit ihm von Kriegsschauplatz zu Kriegsschauplatz ziehen, egal wie beschwerlich das Leben sein würde.

So zog Regula mit ihrem Gatten also in die Welt hinaus. Als Frau Lieutenant und dann Frau Oberst genoss sie nun sogar ein gewisses Ansehen und auch einige Privilegien. Das tat ihrer Seele gut, aber sie beanspruchte wenig davon. Sie war unkompliziert. Meist trug sie eine Männeruniform, um nicht aufzufallen, aber auch, weil das stetige Reisen auf Fuhrwerken, zu Pferd oder zu Fuss in solchen Kleidern bequemer war. Und schliesslich kämpfte sie ja auch oft im Feld an der Seite ihres Mannes. Dabei war sie fast ständig schwanger! Und dies wiederum hatte seinen Grund.

Regula sah das Gebären als ihre Pflicht an. In ihren Memoiren schrieb sie, weder Kriegswirren noch andere widrige Umstände «konnten meinen Mann und mich hindern, immer unserer Bestimmung treu zu sein, und ich gebar ihm wieder einen Sohn».

Söhne sollten es vor allem sein. Wenn ein Knabe das Wochenbett nicht überlebte, beklagte Regula den Verlust eines künftigen Soldaten. Starb hingegen ein Mädchen, notierte sie: «Diesmal bloss ein Mädchen.»

Wie sie selber all die Geburten ohne Kindbettfieber überstand, in der damaligen Zeit, unter den damaligen Umständen, grenzt an ein Wunder. Sie machte auch kein grosses Aufhebens um ihre Schwangerschaften, sondern war schon froh, wenn ihre Niederkunft einmal in eine kampffreie Zeit fiel. Sie erinnerte sich an eine solche Geburt: «Hier hatte ich nun Zeit, mich wieder einer Bürde zu entladen, die, so sehr ich ihrer auch gewohnt war, doch abgelegt sein wollte.»

Das kriegerische Nomadenleben der Familie Engel war allerdings wenig geeignet, eine grosse Kinderschar aufzuziehen. Deshalb behielt die Engelin, wie man Regula auch nannte, immer nur die jüngsten bei sich, und wenn sie ein gewisses Alter erreicht hatten, wurden sie zu Bekannten gebracht, die man unterwegs kennen gelernt hatte.

Die Söhne stiessen später wieder zur Familie und zogen mit ins Feld. Regula mag es wohl nicht immer leicht gefallen sein, sich von den Kindern zu trennen, aber ihr Mann war ihr wichtiger. Und sie war wichtig für ihn.

Als Regula ein einziges Mal allein in ihre Heimat zurückkehrte, um dort in Ruhe einen Sohn zur Welt zu bringen, orderte er sie gleich nach der Niederkunft wieder an seine Seite. Regula hätte sich gern noch etwas ausgeruht, aber so machte sie sich halt samt Säugling auf die beschwerliche Reise zurück zum Regiment nach Frankreich. Das Kind überlebte die Strapazen nicht.

Regula, die stets treu ergebene Gattin? Nein, das war sie nicht. «Ich konnte ein recht böser Ribel seyn und wollte ihm so wenig unterthänig werden, dass er selbst oftmals nach meiner

Pfeife tanzen musste», schrieb sie. «Dazu war aber der brave Mann immer geduldig, und das machte ihn mir dann desto lieber.»

Und weil sie ihn so liebte, setzte sie ihre Kampfeslust auch zu seinen Gunsten ein. Wie damals, als sie ihm das Leben rettete.

Es war 1791, in der Zeit der Französischen Revolution, die Königstreuen lebten gefährlich, auch die Angehörigen der Schweizer Truppen im Dienste Louis XVI. Nicht selten wurden Offiziere umgebracht von den Revolutionsanhängern.

Da tat Florian etwas, das ihn ebenfalls beinahe den Kopf gekostet hätte: Er verliess sein Regiment, floh mit Frau und Kindern nach Paris und wechselte die Seite hinüber zu den Revolutionären. Die Engelin verteidigte die Tat ihres Mannes später in ihren Memoiren mit ihrer eigenen Logik: Die Schweizer Söldner seien ja nicht in erster Linie einem Machthaber unterstellt, sondern dienten der französischen Nation. Also sei es nichts Schlechtes, weiterhin Frankreich zu schützen, egal in wessen Diensten. Käme hinzu, dass ihr eigenes Vaterland ihnen keinen Verdienst anbieten könne.

In Paris sah man das etwas anders. Oberst Engel, immer noch in seiner Uniform aus dem königlichen Heer, wurde von den Jakobinern sofort verhaftet. Regula befürchtete das Schlimmste: die Guillotine. Da verschaffte sie sich Zugang zum Revolutionsführer Robespierre. Hochschwanger und mit ihren zwei Kleinsten an der Hand warf sie sich vor ihn nieder und überreichte ihm eine Bittschrift, in der sie um Gnade flehte für den Vater von sieben Söhnen, welche doch «eine für die Republik nicht unbedeutende Rekrutierung» seien. Dann schrie sie ihr herzzerreissendstes «Citoyen, miséricorde!»

Mit grosser Wirkung.

«Lève-toi!», soll Robespierre gedonnert und darauf tatsächlich ein Entlassungsschreiben unterzeichnet haben. Oberst Engel wurde in eines der Infanterieregimente auf republikanischer Seite aufgenommen.

Ohne seine wehrhafte Frau wollte er nun erst recht nirgends mehr hin. So sollte Regula auch mit nach Ägypten, auf den bisher gefährlichsten aller Feldzüge unter Napoleon Bonaparte. Dieser war nun definitiv nichts für Kinder, und für die Engelin stellte sich die Frage: «Entweder die Trennung von einem geliebten Mann [...] oder das Scheiden von acht unerzogenen Kindern, den theuren Pfändern unserer unwandelbaren ehelichen Liebe.»

Eine napoleonische Ehe

Sie entschied sich auch da für ihren Mann - und für Napoleon. Sie war eine glühende Anhängerin dieses charismatischen Korsen, und er soll seinerseits beeindruckt gewesen sein von der tapferen, kämpferischen Frau. Er nannte sie schon fast zärtlich «meine kleine Schweizerin», auch wenn sie kräftig war und mit Sicherheit grösser als er.

Auf der mehrwöchigen Überfahrt nach Ägypten genossen die Engels das Privileg, auf Napoleons Schiff mitfahren zu dürfen, und wenn er Regula auf Deck begegnete, soll er ihr jeweils eine Prise Schnupftabak angeboten haben oder ein Tässchen Kaffee. Selbstverständlich brachte Regula auch während der dreijährigen Expedition Kinder zur Welt. In Kairo, wo es Zwillinge waren, soll Napoleon mangels eines anwesenden Pfarrers die Taufe der Knaben höchstpersönlich übernommen und sich als Pate zur Verfügung gestellt haben.

Die Familie Engel hielt auch dann noch treu zu Napoleon,

als sein Stern zu sinken begann. Als er 1814 als Kaiser abdanken musste, begleiteten sie ihn sogar nach Elba ins Exil. Der Engelin gefiel es ganz gut auf der schönen Mittelmeerinsel. Sie schätzte für einmal ein ruhiges Leben fern von Kriegsschauplätzen! Napoleon gefiel es bekanntlich weniger. Er riss aus und stürmte zurück nach Paris, die Engels mit ihm. Bis zu seinem bitteren Ende. Die Schlacht bei Waterloo wurde auch ihre letzte Schlacht - für Regula ein traumatisches Erlebnis. Sie war mit Mann und zwei ihrer Söhne in den Kampf gezogen und musste zusehen, wie alle ihre Liebsten fielen.

Sie selber wurde schwer verwundet, ein Schuss traf sie im Hals, ein Stich mit dem Bajonett in die Seite. Sie wurde nach Paris ins Hospital Hôtel-Dieu gebracht, dort staunten die Ärzte, die sie operierten, nicht schlecht, als unter der Uniform eine Frau zum Vorschein kam. Immerhin durfte sie dann eine grosse Ehre erfahren. Der Zar von Russland, der König von Preussen und der österreichische Kaiser kamen höchstpersönlich an ihr Krankenbett, um ihre Tapferkeit und ihren Mut zu loben. Der Zar liess ihr sogar einen Geldbetrag und 25 Flaschen Ungarn-Wein zukommen.

Körperlich war Regula war bald wieder wohlauf. Aber die Trauer über den Verlust ihrer Liebsten war immens. Nur noch fünf ihrer Kinder waren am Leben, in alle Winde verstreut. Und sie wollte Regula, mittlerweile 55-jährig, nun suchen. Die Zwillinge glaubte sie mit Napoleon im Exil auf der fernen Insel St. Helena, sie waren unerreichbar. Eine Tochter fand sie verheiratet in Lyon, aber kaum bei ihr angekommen, starb diese am Kindbettfieber. Von einer anderen hiess es, sie sei in Italien, sie war aber unauffindbar. Einen Sohn schliesslich wusste Regula in den USA, und bei ihm nun wollte sie sich niederlassen und zur Ruhe kommen. Nach einer langen beschwerlichen Reise fand sie ihn tatsächlich in New Orleans. Drei Tage später hielt

Napoleon verlässt die Insel Elba 1815; das Ehepaar Engel-Egli ist dabei.
Ausschnitt eines Gemäldes von Joseph Beaume (1796–1885).

sie auch ihn tot in ihren Armen, er war an Gelbfieber erkrankt. Jahrelang war Regula durch Europa und Amerika gezogen, auf der verzweifelten und mühevollen Suche nach ihren Kindern. Als es niemanden mehr zu suchen gab, zog sie zurück in ihre Heimatstadt Zürich. Über 40 Jahre war sie nicht mehr dort gewesen. Sie fand kaum mehr ein vertrautes Gesicht. Sie lebte mehr schlecht als recht von einer kleinen Witwenrente, die sie sich vom französischen Staat hatte erkämpfen können.

Da hatte die 60-jährige die Idee, ihr abenteuerliches Leben aufzuschreiben, und noch im selben Jahr, 1821 erschienen ihre Memoiren: «Lebensbeschreibung der Witwe des Oberst Florian Engel.» Das Buch, das voll der unglaublichsten Geschichten war, verkaufte sich so gut, dass Regula vier Jahre später eine zweite, ergänzte Auflage herausbrachte: «Die Schweizerische Amazone. Abenteuer, Reisen und Kriegszüge einer Schweizerin.»

Doch reich wurde sie nicht damit. Als sie über 80 war, nahm die Stadt Zürich die verarmte Frau als Extra-Kostgängerin im Predigerspital auf. Hier endete nach 92 Jahren das Leben der unerschrockenen, mutigen Regula Engel-Egli, die mit 17 ihren Florian heiratete, 21 Kinder gebar, möglicherweise alle überlebte, sich 37 Jahre lang an der Seite ihres Mannes und danach noch 38 Jahre allein durchs Leben kämpfte.

Wer wenn nicht sie sollte das Geheimnis einer langen guten Ehe kennen. Sie notierte in ihren Memoiren: «Wenn die Frau etwas begehrt oder tut, sollte der Mann nie widersprechen. So wäre Segen in den Haushaltungen und Friede im Lande!»

Predigerkirche und Konventsgebäude im 18. Jahrhundert. Die Kirche war während der Reformation aufgehoben worden und diente später als Hospital. Das Predigerspital war der letzte Lebensort von Regula Engel. Der Kirchenraum wird heute von der Zürcher Zentralbibliothek genutzt; die Konventsgebäude stehen nicht mehr. Wo auf diesem Bild noch eine Kutsche fährt, befinden sich heute Parkplätze.

Richard Wagner und Mathilde Wesendonck in Zürich:
Wagner dirigierte verschiedenste Konzerte im Aktientheater bei den Unteren Zäunen (1).
Wagners Stadtwohnung befand sich am Zeltweg 13 (2). Heute erinnert ein Schild an der Fassade daran.
Im «Baur au Lac» an der Talstrasse 1 (3) wurden «Tristan und Isolde» und der erste Akt der «Walküre» uraufgeführt.
Bei der heutigen Villa Schönberg (4) im Rieterpark entstand direkt gegenüber der Villa Wesendonck (5) das Anwesen der Familie Wagner.

RICHARD WAGNER (1813–1883) UND MATHILDE WESEN-DONCK (1828–1902)

Eine heisse Affäre

Richard Wagner und Mathilde Wesendonck

An den Unteren Zäunen, dem Ort des heutigen Obergerichts, stand das Barfüsserkloster, in dessen Kirche von 1834 bis 1890 das erste Züricher Stadttheater, das sogenannte Aktientheater für Oper und Schauspiel, untergebracht war. In der Neujahrsnacht 1890 brannte es ab und wurde durch das heutige Opernhaus am Sechseläutenplatz ersetzt. Hier dirigierte auch Richard Wagner einige seiner Opern. Die Häuserzeile ist grösstenteils erhalten.
Aquatinta von Franz Hegi.

Drei Jahre war Richard Wagner in seinem Zürcher Exil, als er einem Freund schrieb: «Einige neue Bekanntschaften haben sich mir aufgedrungen: ihrem männlichen Teile nach sind sie mir sehr gleichgültig, weniger dem weiblichen nach. Ein reicher junger Kaufmann, Wesendonck, hat sich seit einiger Zeit hier niedergelassen, und zwar mit grossem Luxus: seine Frau ist sehr hübsch.»

Von Mathilde Wesendonck sollte Wagner tatsächlich nicht so schnell wieder loskommen. Gleichgültig war ihm dann allerdings auch der «männliche Teil» nicht: Otto Wesendonck, er war immerhin der Gatte der begehrten Frau, und wurde - auch nicht unwesentlich - einer seiner wichtigsten Mäzene.

Mit nichts als einer Reisetasche und seinem guten Ruf als Komponist war Wagner im Frühling 1849 nach Zürich gekommen. Er war aus Dresden geflohen und wurde von der Polizei steckbrieflich gesucht, weil er sich am Mai-Aufstand gegen den König von Sachsen beteiligt hatte, der gestürzt werden sollte. Damit hatte der Musiker seinen prestigeträchtigen Posten als Königlich-Sächsischer Hofkapellmeister natürlich verspielt, was seine Ehefrau Minna in Rage brachte. Sie hatte die Annehmlichkeiten genossen, die sie der Stellung ihres Mannes am Hof verdankte: hohes Ansehen, einen fürstlichen Wohnsitz. Sie hatte schliesslich für ihn auch ihren Beruf als gefeierte Schauspielerin aufgegeben. Richard Wagner und Minna Planer, das war eine *amour fou*! Viel Streit und Trennungen, aber auch immer wieder glühende Versöhnungen. Diesmal dauerte Minnas Verstimmung etwas länger. Wagner zog vorerst allein

Der österreichische Hotelpionier Johannes Baur errichtete das Hotel Baur au Lac am Bürkliplatz (Talstrasse 1). Hier präsentierte Wagner 1856 mit Franz Liszt den ersten Akt seiner «Walküre».
Zeitgenössische Lithographie (Baur au Lac).

nach Zürich. Es gefiel ihm in der Stadt an der Limmat. Er schrieb an Minna: «Höchster Wohlstand, Freiheit und erhabener Naturreiz liegen hier wie durch Zauber vor.»

Man verehrte ihn hier, den Herrn Wagner. Seine Opern «Tannhäuser» oder «Der Fliegende Holländer» waren bekannt. Er wurde schon bald als Dirigent verschiedener Konzerte im Aktientheater engagiert.

Zürich sollte eine wichtige Phase seines Schaffens werden. «Rheingold», «Walküre», «Siegfried» entstanden hier. Der erste Akt der «Walküre» wurde 1856 im Baur au Lac uraufgeführt. Und später natürlich «Tristan und Isolde», das Werk, dem seine eigene, höchst dramatische Zürcher Liebesgeschichte zugrunde lag.

Die schicksalhafte Begegnung fand im Frühling 1852 statt. Wagner dirigierte im Aktientheater die Ouvertüre zu seinem «Tannhäuser». Mit seinen Werken wollte er stets die Herzen der Menschen und im Speziellen der Frauen gewinnen, ihre Leidenschaft für seine Musik und schliesslich für ihn selber wecken.

An jenem Abend hatte er bei einer jungen Dame im Saal besonderen Erfolg: Mathilde Wesendonck. Sie war im Innersten berührt von seiner Musik und brannte darauf, den Menschen hinter dem genialen Künstler kennen zu lernen. Auch ihr Mann Otto Wesendonck war begeistert; er beschloss, diesen aufstrebenden Musiker zu fördern. Schon bald liess er Geld fliessen für Wagners Inszenierungen und Publikationen und zeigte sich auch grosszügig, wenn den Musiker Schulden plagten, weil er wieder über seine Verhältnisse gelebt hatte.

Die Wesendoncks, aus dem deutschen Rheinland stammend, waren im Frühling 1851 nach Zürich gekommen. Otto war im Seidenhandel tätig, ein lebenserfahrener, grossmütiger Mann, der zu grossem Reichtum gelangt war, und wie Wagner

Die Wesendoncks residierten in ihrer neuen Villa, die natürlich prächtiger ausfallen musste als die tiefer gelegene Villa des Eisenbahnpioniers Alfred Escher, dem Belvoir. 1871 verkauften die Wesendoncks die Villa, nachdem ein pöbelnder Haufen randalierend in die Enge kam, um sie abzufackeln. Nach dem deutschen Sieg im Deutsch-Französischen Krieg hatten die Deutschen zu begeistert gefeiert, was zu antideutschen Ressentiments führte. Das Ehepaar zog nach Dresden, und Haus und Remise wurden von der Winterthurer Industriellenfamilie Rieter übernommen. Heute befindet sich in ihm das Rietberg Museum für aussereuropäische Kunst (Gablerstrasse 15).

ein Freund der demokratischen Revolution von 1848 in Deutschland.

Mathilde war eine sanfte, schöne und gebildete 23-jährige Frau. Eigentlich hiess sie ja Agnes, aber Wesendonck bestand darauf, sie Mathilde zu nennen, so hatte seine erste Frau geheissen, die zwei Monate nach der Hochzeit plötzlich verstorben war. Die sanftmütige Agnes liess es zu. Ihr Mann war sonst gut zu ihr. Er erfüllte seiner um dreizehn Jahre jüngeren Gattin alle Wünsche und sorgte bestens für die gemeinsamen Kinder; auch liess er ihr viele Freiheiten. Alles lief in geordneten Bahnen.

Hofhaltung im «Baur au Lac»

In Zürich logierte das Paar im noblen Hotel Baur au Lac. Es war sieben Jahre zuvor, 1844, vom österreichischen Hotelier Johannes Baur eröffnet worden und hatte sich zum Treffpunkt der reichen und einflussreichen Zürcher wie auch ausländischer Gäste entwickelt.

Auch Wagner hielt dort Hof oder las aus seinen Werken, zum Beispiel aus dem «Ring der Nibelungen». Und dort traf er sich nun auch regelmässig mit den Wesendoncks zu Soireés oder zum Nachmittagstee. Man war zu dritt, manchmal auch zu zweit, wenn Otto Wesendonck geschäftlich unterwegs war.

Mathilde saugte alles auf, was der grosse Meister erzählte, sie fühlte sich geehrt und privilegiert, wenn er mit ihr über seine Werke sprach oder ihr daraus vorspielte, oder wenn er mit ihr über Dichtkunst diskutierte. Wagner seinerseits lebte auf bei so viel Interesse und Verehrung seitens seiner aufmerksamen Zuhörerin. Wie anders war sie doch als seine Minna. Die interessierte sich kaum für seine Kunst, und überhaupt war sie, seit sie ihm nach Zürich gefolgt war, stets missmutig und streitsüchtig.

Wagner fühlte sich neu inspiriert. Wenn er schrieb, dann stets in Gedanken an Mathilde: den «Zürcher Vielliebchenwalzer», die «Sonate für das Album von Frau Mathilde» oder die «Walküre», die Geschichte einer unerfüllbaren Liebe. Das Vorspiel dazu signiert er sogar mit «G. s. M.» - Gesegnet sei Mathilde. Er hatte wieder eine Muse.

Nach sechs Jahren in Zürich mit Wohnsitz im Baur au Lac erstanden sich die Wesendoncks in der Gemeinde Enge ein grosszügiges Grundstück in der Nähe des Sees (heute der Rieterpark). Dort bauten sie sich eine Villa, wie es weitherum keine prächtigere und grössere gab, die Villa Wesendonck (heute das Museum Rietberg).

Wagner war ganz neidisch! Schon lange hätte er selbst gern ein eigenes Haus besessen. In seiner Stadtwohnung am Zeltweg störten ihn klavierspielende Nachbarn beim Komponieren, und überhaupt empfand er die Räumlichkeiten als wenig standesgemäss.

Da wollte es der Zufall, dass ein Fachwerkhaus neben dem Wesendonckschen Anwesen zum Verkauf stand. Mathilde schlug ihrem Mann vor, es doch für die Wagners zu erwerben, ihrer Freundin Minna zuliebe. Die Freundschaft zwischen den beiden Frauen war Wesendonck nun allerdings neu. Er zögerte aber aus zwei Gründen vor nachbarlicher Nähe mit Wagner. So sehr er ihn als Musiker schätzte, so schwierig empfand er zuweilen den Umgang mit diesem aufbrausenden, oft verletzenden Mann.

Und dann war da diese gewisse Vertrautheit, die sich zwischen ihm und seiner Mathilde entwickelt hatte. Wesendonck hatte sie eigentlich mit Wohlwollen wahrgenommen. Er hatte Verständnis dafür, dass ein Künstler eine Muse brauchte, und es erfüllte ihn auch mit Stolz, dass gerade seine Mathilde diesem genialen Mann als Quelle der Inspiration dienen durfte.

Aber er fand, etwas räumliche Distanz zwischen den beiden könnte nicht schaden. Doch als sich für das Grundstück auch der Nervenarzt Ludwig Binswanger interessierte und dort eine Klinik für Geisteskranke bauen wollte, zog Wesendonck Wagner dann doch als Nachbarn vor und überbot das Angebot des Arztes um ein Mehrfaches.

Im Frühling 1857 zogen die Wagners im «Asyl» ein, wie der Musiker seine neue Unterkunft nannte. (Das Haus steht nicht mehr. Ende 19. Jahrhunderts wurde es zur Villa Schönberg umgebaut.) Von seinem Schreibtisch aus genoss Richard eine herrliche Aussicht in den Park und weiter auf den Zürichsee und die Alpen. Aber noch mehr beglückte ihn die Aussicht, seine neue Nachbarin nun häufiger sehen zu können.

Die Parkanlage über dem See mit den beiden Häusern wurde bald der Grüne Hügel genannt. Sie lag oberhalb der Villa des Eisenbahnkönigs Alfred Escher (dem «Belvoir») und war schon bald Treffpunkt für Musiker, Dichter, Politiker. Wagner verwendete die Bezeichnung «Grüner Hügel» gut zwanzig Jahre später auch für die Anhöhe in Bayreuth, auf der er sein Festspielhaus errichten liess.

Die Bühne bei Wesendoncks

Sowohl die Villa Wesendonck wie auch sein eignes «Asyl» wusste Wagner als seine Bühne zu nutzen. Im Publikum sassen oft der deutsche Architekt Gottfried Semper, ein Mitstreiter Wagners damals beim Dresdner Mai-Aufstand und nun Professor am Polytechnikum in Zürich, oder das Ehepaar Wille, die Eltern des späteren Generals Ulrich Wille, oder auch der Jurist Bernhard Spyri mit seiner Frau Johanna, welche über 20 Jahre später mit ihren beiden Heidi-Romanen berühmt werden sollte.

Wagner zog es häufig in die Villa Wesendonck. Gar täglich, wenn der Hausherr geschäftlich verreist war. Wenn sie nicht zusammen waren, schickten Musiker und Muse einander mehrmals pro Tag kleine Notizen, um sich nach dem Wohlbefinden des anderen zu erkundigen und heimlich kleine Liebesbezeugungen auszutauschen. Sie sprachen von Seelenverwandtschaft. Doch Wagners Interesse galt längst nicht mehr nur Mathildes inneren Werten. Würde er sie einmal ganz besitzen? Würde sie jemals gegen die bürgerliche Moral verstossen und ihren Mann verlassen, ihr Leben in gesichertem Wohlstand aufgeben für dasjenige an der Seite eines verschuldeten Musikers?

Hätte er sich in Zürich herumgehorcht, hätte er entmutigende Worte aus dem Mund der Gattin des Musikers Ignaz Heim gehört: «Die Wesendonck hat ihre Millionen zu lieb!»

Wagner war einmal voller Hoffnung, dann wieder verzweifelte er. Seinem Vertrauten und Musiker-Kollegen Franz Liszt schrieb er: «Liebe, die ich nur in der Sehnsucht, nie in der Erfahrung hatte kennen lernen sollen.» Tatsächlich.

Auch Mathilde war aufgewühlt, überflutet von den verwirrenden Gefühlen, die sie da ausserehelich empfand. Sie hatte das Bedürfnis, in Verse zu fassen, was in ihrem Innersten vorging. Seit ihrer Jugend hatte sie Künstlerin werden wollen. Nun fühlte sie sich so richtig inspiriert. Sie zeigte Wagner ihre Gedichte. Und als dieser beschloss, fünf davon zu vertonen, war sie ausser sich vor Glück: Ein grosser Meister verwandelte ihre Verse in Lieder! Als «Wesendonck-Lieder» wurden sie später berühmt.

Der erregte Musiker seinerseits fühlte sich nun zu dem Werk inspiriert, welches das musikalische Denkmal seiner Liebe zu Mathilde werden sollte: «Tristan und Isolde». Die tragische Geschichte einer bedingungslosen Liebe, die sich nur im Tod erfüllte, weil sie im Leben nicht sein durfte. Mathilde war

Die ersten Mietshäuser Zürichs, die Escherhäuser. Hier wohnte Richard Wagner während der ersten Zürcher Jahre (Zeltweg 13).

seine Isolde, er ihr Tristan, Otto Wesendonck König Marke, in der Geschichte der Mann, der zwischen den beiden Liebenden stand, da Isolde ihm versprochen war. Er habe bei dieser Oper das Bedürfnis gehabt, «sich auszurasen », notierte Wagner später. Noch während seiner Arbeit daran schrieb er an Mathilde: «Kind! Dieser Tristan wird was furchtbares! Dieser letzte Akt!!! – Ich fürchte die Oper wird verboten [...] nur mittelmässige Aufführungen können mich retten! Vollständig gute müssen die Leute verrückt machen, ich kann mir's nicht anders denken.»

Am 18. September 1857 überreichte Wagner Mathilde den fertigen Text zu «Tristan und Isolde».

«Du umarmtest mich, und sagtest: ‹Nun habe ich keinen Wunsch mehr!›», erinnerte er sich später. «An diesem Tage, zu dieser Stunde, wurde ich neu geboren [...] – Dank Dir, Du holder, liebevoller Engel!»

Und Minna Wagner? Wusste sie von der Leidenschaft ihres Göttergatten für die Wesendonck? Sie ahnte einiges. Die Nachbarin war ihr schon lange ein Dorn im Auge und nicht selten der Anlass ihres Missmutes.

«Ferner besucht Mad. W. meinen Mann heimlich und umgekehrt», schrieb sie einer Freundin nach Dresden, «verbat meinem Knecht, als er ihr die Türe aufmachte, dass er mir nicht sagen sollte, dass sie oben sei.»

Mit wachsendem Missfallen beobachtete sie, wie die beiden ständig zusammensteckten, gemeinsam an dieser «Tristan und Isolde»-Geschichte schrieben. Dieser schlüpfrigen, ekligen Geschichte!, wie Minna fand. Sie nahm Medikamente, um sich zu beruhigen. Aber noch versuchte sie den Beteuerungen ihres Mannes zu glauben, dass diese Freundschaft nur platonisch sei.

Auch in der Stadt wurde immer mehr getuschelt. Jedermann wusste von den Schwierigkeiten in der Ehe Wagner. Und

Musiker und Muse gaben ihrerseits genug Anlass für Geschwätz. Hielt Wagner Lesungen in seinem Haus, war Mathilde stets zugegen. Las er dann den Tristan vor, musste Mathilde über den Liebestod im Stück bitterlich weinen und von Wagner getröstet werden. Und als Otto Wesendonck für mehrere Wochen in New York weilte, besuchten die beiden ein Konzert von Clara Schumann in der Stadt. Nur zu zweit. Eine Ungehörigkeit.

Als Wesendonck von seiner längeren Geschäftsreise zurückkehrte, wurde ihm verschiedentlich zugeflüstert, dass es mittlerweile wohl mehr als knistern dürfte auf dem Grünen Hügel. Nun wurde es dem Hausherrn doch zu bunt. Zu schamlos war da seine Grosszügigkeit ausgenützt worden! Er warf Wagner Verrat vor, und seine Mathilde warnte er, er dulde keine weiteren Intimitäten in seinem Haus, sonst werfe er den Eindringling in hohem Bogen aus seinem «Asyl». Dann werde sie sich ihrerseits vom Balkon werfen, schluchzte Mathilde.

Die Idylle auf dem Grünen Hügel war also empfindlich gestört. Wagner zog sich etwas zurück. Die aufgeschreckten Turteltauben konnten es aber schon bald nicht mehr lassen und tauschten wieder heimlich Briefe aus. Einen davon mit dramatischer Wirkung.

Darin pries Wagner in blumigsten Worten die Lieblichkeit Mathildes und wünschte sich sehnlichst ihre frühere Zweisamkeit zurück. Mathilde hätte den Brief bestimmt mit grosser Freude gelesen - hätte sie ihn jemals zu Gesicht bekommen. Doch Wagners Frau fing ihn ab.

Und sie eröffnete das Feuer, unverzüglich. Es traf alle auf dem Grünen Hügel. Erst tobte Minna einer Furie gleich vor ihrem Ehemann, dann stürmte sie zur Rivalin, und schliesslich erfuhr auch Wesendonck vom angeblich schamlosen Treiben zwischen seinem Günstling und seiner Gattin. Für Minna war sonnenklar: Sie hatte hier das Schreiben nach einer tollen

Liebesnacht in der Hand. In einem verzweifelten Versuch, zu retten, was noch zu retten war, erklärte Wagner seine Frau für nervenkrank und unzurechnungsfähig und brachte sie in die Nervenklinik Schloss Brestenberg im Aargau. Doch er stand bereits auf verbrannter Erde, ihm blieb schliesslich nur noch die Flucht vom Grünen Hügel.

Mathilde hinterliess er einen Abschiedsbrief. Er hätte zwei Möglichkeiten gesehen für sie beide, schrieb er, eine vollständige Vereinigung oder eine vollständige Trennung, aber: «Klar und bestimmt stand es vor uns, daß jene andre Möglichkeit einen Frevel enthalte, der selbst nicht gedacht werden durfte.» Und schliesslich: «Von hier fortgehen, ist gleichbedeutend für mich - mit untergehen!»

Im August 1858 reiste Wagner nach Venedig, um sich dort in die Arbeit an «Tristan und Isolde» zu stürzen. Minna war in der Zwischenzeit nach Dresden zurückgekehrt. Mathilde wollte er nun von ferne und dafür umso mehr lieben. Für sie den Tristan vollenden, den er ohne sie wohl nie geschrieben hätte, und eines Tages zu ihr zurückkehren und sie damit trösten und beglücken.

Mathilde und Wagner schrieben einander schon bald wieder. Sie blieb seine Vertraute. Und auch Wesendonck begann dem sich ständig in Geldnot befindenden Musiker wieder unter die Arme zu greifen. Einmal besuchten die Wesendoncks Wagner in Venedig, Mathilde schwanger und von blühendem Aussehen am Arm ihres Mannes - ein Anblick, der Wagner einen Stich ins Herz versetzte. Und als er im darauffolgenden Jahr in Luzern «Tristan und Isolde» beendete, waren die Wesendoncks bei der Feier der Vollendung im Hotel Schweizerhof ebenfalls dabei.

Doch mit der Zeit wurden die Kontakte seltener. Es gab neue Musen für den Künstler. Mathilde vergessen konnte er jedoch nicht. «Sie ist und bleibt meine erste und einzige Liebe», schrieb er.

«Es war der Höhepunkt meines Lebens: die bangen, schön beklommenen Jahre, die ich in dem wachsenden Zauber ihrer Nähe, ihrer Neigung verlebte, enthalten alle Süsse meines Lebens.»

Auch Mathilde dachte mit Wehmut an die gemeinsame Zeit auf dem Grünen Hügel. Und mit grosser Dankbarkeit. Er habe sie bereichert und inspiriert, schrieb sie an Wagner, er habe sie zur Dichterin gemacht.

Am 10. Juni 1865 fand die Uraufführung von «Tristan und Isolde» am Hof- und Nationaltheater in München statt. Mathilde hätte eine Einladung gehabt. Doch sie verbrachte jenen Abend mit ihrer Familie auf dem Grünen Hügel in Zürich.

Eine andere Frau wartete nach der Aufführung auf den gefeierten Künstler, Wagners junge Gattin Cosima, Tochter des Komponisten Franz Liszt. Die Geschichte hatte Parallelen: Wagner hatte Cosima seinem Förderer und ehemaligem Schüler, dem Dirigenten Hans von Bülow, ausgespannt. Cosima trug im Arm die vor kurzem geborene gemeinsame Tochter Isolde.

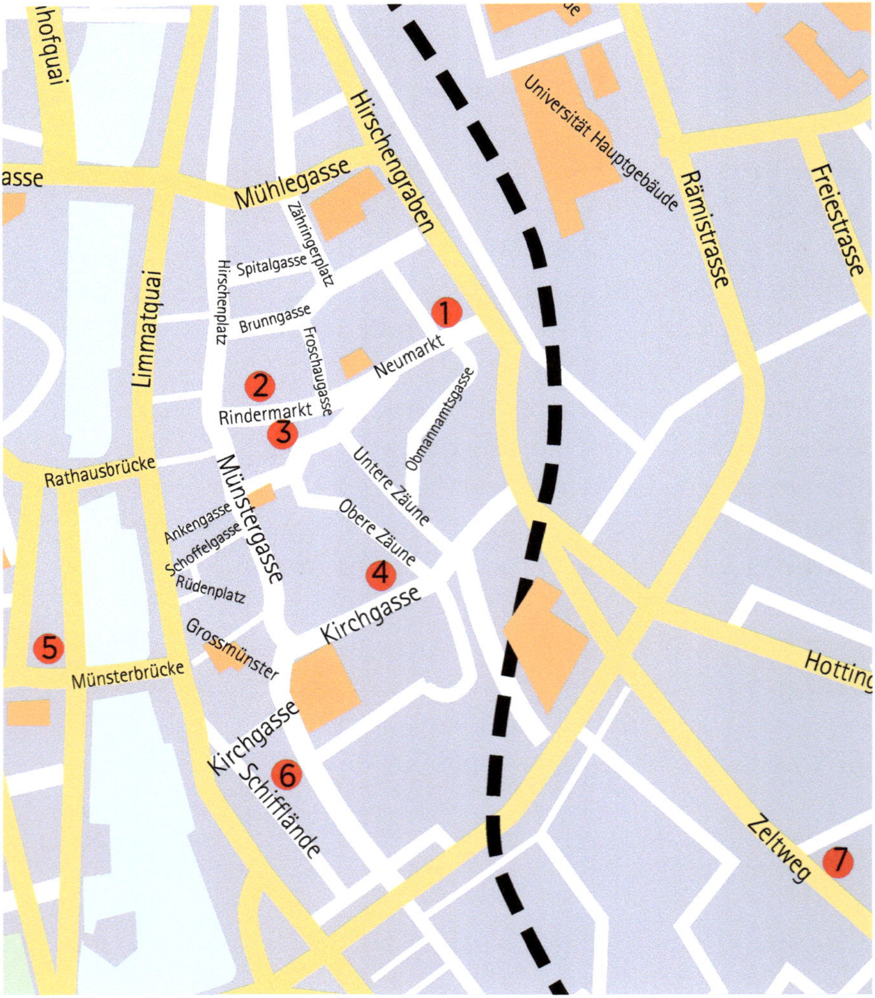

Gottfried Keller in Zürich:
Kellers Geburtshaus «Zum Goldenen Winkel» befindet sich am Neumarkt 27 (1), seine Jugend verbrachte er im «Haus zur Sichel» am Rindermarkt 9 (2). Gleich gegenüber, am Rindermarkt 12 (3), ist bis heute die «Öpfelchammer», eine von Gottfried Kellers Lieblingskneipen.
Viel Zeit verbrachte der Schriftsteller auch im «Zunfthaus zur Meisen» am Münsterhof 20 (5) und in der «Bollerei» an der Schifflände 26 (6).
Als Staatsschreiber lebte Keller in der Dienstwohnung an der Kirchgasse 33 (4).
Kellers letzte Wohnung befand sich im Haus Thaleck am Zeltweg 27 (7).

GOTTFRIED KELLER (1819–1890) UND BETTY TENDERING/ LUISE SCHEIDEGGER / LINA WEISSERT

Verzweifeltes Sehnen

Gottfried Keller während seiner Berliner Zeit um 1854; Pastellzeichnung der deutschen Schriftstellerin Ludmilla Assing (1821–1880). Keller schrieb eigenhändig darunter: «Zeit bringt Rosen, den 2. Mai 1854.»

Links: Betty Tendering (1831–1902), 1853 gemalt vom Maler Ludwig Pietsch (1824–1911). Rechts: Bildnis der unglücklichen Luise Scheidegger (1843–1866). Darunter: Lina Weissert (1851–1910) mit ihrem späteren Ehemann Eugen Huber, dem Verfasser des Schweizerischen Zivilgesetzbuches.
Die drei Frauen sind Teil der endlos erfolglosen Liebesgeschichten Kellers, neben Henriette Keller, Marie Melos, Luise Rieter, Johanna Kapp und Marie Exner.

Was tobte doch für eine Leidenschaft in ihm! So hatte er sie noch selten verspürt. Zum Wahnsinn brachte sie ihn, mit ihrer Koketterie, diese schöne, grossgewachsene junge Frau. Noch glaubte er an Zuneigung! Noch war er blind vor Verliebtheit. Sogar ihre Boshaftigkeiten las er als gutes Zeichen.

Vier Jahre war Gottfried Keller schon in Berlin. Er war 1850 mit einem Stipendium der Zürcher Regierung hierher gekommen, wollte Theaterstücke schreiben, erhoffte sich Anregungen für sein Schaffen und hatte gerade wieder eine unglückliche Liebe zu verdauen.

Eigentlich gefiel es ihm nicht sonderlich in dieser Stadt. Die Menschen passten ihm nicht. Aber das war ihm auch egal. Die Einsamkeit machte ihm nichts aus. Er wollte die Zeit ohnehin zum Schreiben nutzen. Zwar wurden es nicht die geplanten Theaterstücke, aber dafür entstand unter anderem «Der Grüne Heinrich», sein zu einem grossen Teil autobiographischer Roman, der zu seinem Hauptwerk werden sollte und zu einem der herausragendsten deutschsprachigen Werke des 19. Jahrhunderts.

Liebe in Berlin

Und dann, in seinem letzten Berliner Jahr, schickte ihm «der Teufel eine ungefüge Leidenschaft auf den Hals», schrieb Keller an einen Freund, den deutschen Literaturhistoriker Hermann Hettner. «Das grösste Übel und die wunderlichste Komposition, die einem Menschen passieren kann, ist, hochfahrend, bettelarm und verliebt zu gleicher Zeit zu sein, und zwar in eine elegante Personnage. Doch behalten Sie um's Himmels Willen diese Dinge für sich.»

Die «Personnage» hiess Betty Tendering, war zweiundzwanzig und die Schwägerin des Verlegers Franz Duncker. Keller lernte Betty im Hause Duncker kennen, er ging dort ein und aus, man traf sich in einem Zirkel von Malern und Literaten. Und die schöne Betty lächelte auch ihn an, den mittellosen, untersetzten bärtigen Schweizer. Und besetzte fortan seine Gedanken und sein Herz.

Keller behielt seine Liebe vorerst für sich. Er zog es vor, Betty wohl freundschaftlich, aber mit grösster Zurückhaltung zu begegnen. Sie sollte sich ja nicht bedrängt, sondern wohl fühlen in seiner Gegenwart. Doch nichts Gutes kam aus seiner unterdrückten Leidenschaft: «Ich trieb mich mit gebrochenem Herzen umher und kratzte, mir zur Erleichterung, andern Leuten an den Köpfen.»

Wie auch immer es sich mit Fäusten kratzen lässt! Er trug mal hier ein blaues Auge, mal da eine Geldbusse davon, wenn er auf dem nächtlichen Heimweg handgreiflich geworden war gegenüber zufälligen Passanten. Zuhause in seiner einsamen Kammer schrieb er dann wie von Sinnen an seinem letzten Band des «Grünen Heinrich».

Er bescherte auch seinem Romanhelden eine unerreichbare Geliebte, nannte sie Dorothea Schönfund und liess Heinrich sich genauso verzehren nach der Angebeteten, wie er es tat. Und auch Heinrich durfte ihr seine Liebe nicht gestehen. «Buchstäblich unter Tränen», schrieb Keller, habe er das letzte Kapitel seines Romans verfasst. Seine Schreibunterlage war am Schluss vollgekritzelt mit Bettys Namen und ihren Initialen.

Gottfried Keller, der erfolgreichste deutschsprachige Schriftsteller des 19. Jahrhunderts, verbrachte seine Jugend im Haus zur Sichel, Rindermarkt 9. Das Haus und seine Bewohner finden auch im «Grünen Heinrich» ihren Niederschlag.

Doch eines Tages erklärte sich Keller Betty Tendering dann wohl doch, wie sich aus seiner Biographie nur vermuten lässt. Er muss eine schmerzhafte Abfuhr erlitten haben. Und er tat, was er immer tat, wenn er unglücklich verliebt war: Er stürzte sich in seine Arbeit und war produktiver denn je. Innert weniger Monate schrieb er den ersten Band der «Leute von Seldwyla». Betty kriegte ihr Fett schon in der ersten Erzählung ab, in «Pankraz der Schmoller». Er beschrieb sie in der «leichtfertigen, verbuhlten» Lydia, die sich an den armen, noch unschuldigen Pankraz heranmachte, ihn reizte und lockte, bis er ihr verfallen war, und ihn dann aufs Schändlichste abblitzen liess. Und Keller lässt es Pankraz wie Schuppen von den Augen fallen.

«Anstatt verwirrt und verzweifelt zu sein und die Täuschung nicht aufgeben zu wollen [...] war ich plötzlich so kalt und besonnen, wie nur ein Mann es sein kann, der statt eines edlen scheuen Rehes urplötzlich eine wilde Sau vor sich sieht.»

Und schliesslich schmetterte Pankraz Lydia ins Gesicht: «O Fräulein! Sie sind ja der grösste Esel, den ich je gesehen habe!»

Welche Genugtuung musste der Schriftsteller empfunden haben beim Niederschreiben dieser Sätze!

Nun hielt Gottfried Keller nichts mehr in Berlin. Die Stadt war ihm gründlich verleidet, und im Hause Duncker fühlte er sich schon gar nicht mehr wohl. Seine oft ungehobelte Art mag allerdings auch die Berliner gelegentlich befremdet haben. Der Maler Ludwig Pietsch, den Keller im Hause Duncker kennengelernt hatte, beschrieb ihn mit folgenden Worten: «In seiner urwüchsigen Schweizer Derbheit machte der kleine, breitschultrige, untersetzte, eisenfeste, wortkarge, bärtige Mann zwischen den abgeschliffenen Berliner Menschen eine ganz eigentümliche Figur. Er hatte wohl schöne ernste und feurige dunkle Augen unter der mächtigen Stirn, doch wenn ihn etwas oder irgendwer ärgerte, äusserte er nicht nur sehr unverhohlen seine Meinung, sondern war auch immer bereit, ihr mit seinen kräftigen Fäusten mehr Nachdruck zu geben.»

1855 kehrte Gottfried Keller mit einer Liebesenttäuschung mehr im Rucksack nach Zürich zurück. Es sei ja klar, dass Keller keine Frau finden könne, schrieb sein Schriftsteller-Kollege C. F. Meyer einmal. Keller halte es in seinem Leben wie in seinen Geschichten: Die Männer liebten zwar, täten aber nie etwas, um ihre Liebe zu beweisen oder durchzusetzen und beklagten sich dann hinterher bitterlich, wenn ihre Liebe nicht erwidert wurde. Hätte Keller wohl wieder seine Faust ausgepackt, hätte sein Schriftstellerkollege ihm diese Worte ins Gesicht gesagt? Auch wenn er ihnen eine gewisse Wahrheit nicht hätte absprechen können? Er schätzte C. F. Meyer wohl als Dichter - die beiden teilten sich auch den Ruhm, die erfolgreichsten Schweizer Schriftsteller des 19. Jahrhunderts zu sein -, aber persönlich wollte er mit ihm nichts zu tun haben.

Meyer sei voller «kleiner Intrigen und Illoyalitäten», so Keller. Jedesmal wenn er ihn sehe, wolle er ihm Ratschläge für sein literarisches Schaffen erteilen. Und Ratschläge bezüglich seines verknorzten Liebeslebens wollte er von ihm wohl erst recht nicht hören!

Enttäuschte Hoffnung

Beruflich gings nun aufwärts. 1861 wurde Keller zum ersten Staatsschreiber des Kantons Zürich ernannt. Er zog mit Mutter und Schwester, mit denen der Junggeselle in Zürich stets zusammenlebte, in die Dienstwohnung im «Steinhaus», wo sich auch die Staatskanzlei befand, an der Kirchgasse 33. Endlich hatte er eine gesicherte Existenz, eine zuverlässige Geldquelle neben

Das Manessehaus Kirchgasse 33. Im ersten Stock war die Staatskanzlei, im zweiten Kellers Wohnung.

seiner schriftstellerischen Tätigkeit. Endlich würde er auch einer künftigen Ehefrau materielle Sicherheit bieten können.

Sechsundvierzig war er, da lernte er im Hause eines Zürcher Freundes die Pianistin Luise Scheidegger aus Herzogenbuchsee kennen. Zweiundzwanzig, eine liebliche Erscheinung, freundlich, gescheit, von eher schwermütiger Natur. Sie gefiel ihm. Endlich rührte wieder eine Frau sein Herz an. Er empfand hier nicht die glühende Leidenschaft, wie er sie an Betty Tendering verschwendet hatte, das nichtsnutzige Ding! Hier war ein edler Charakter, eine Frau von zarter Natur, die nicht zu stürmischer Liebe einlud, sondern sorgsamen Umgang verlangte. Keller warb um sie. Doch sie zögerte lange. Sie hatte nicht viel Schmeichelhaftes über Herrn Staatsschreiber gehört. Er sei ein ungehobelter, kauziger Kerl, treibe sich in den Kneipen rum, trinke gern weit über den Durst, sei allzu willig im Gebrauch seiner Fäuste. Nicht alles war falsch, was Luise zu hören bekam. Sie war hin und her gerissen, denn sie fühlte sich zum Dichter doch auch hingezogen. Im Frühling des darauffolgenden Jahres willigte sie schliesslich in die Verlobung ein.

Da gerieten Luise zufällig zwei alte Zeitungsartikel aus dem Winterthurer «Landboten» in die Hände. Und sie las schwarz auf weiss, was sie bisher über ihren Verlobten nur gehört hatte. Absichtlich und böswillig war Keller von politischen Feinden schlecht gemacht worden. Luise mögen Zweifel beschlichen haben. War es doch ein Fehler gewesen, sich ihm zu versprechen? War es aber nicht auch verwerflich, ein Versprechen zu brechen? Sie mag den Zwiespalt nicht ausgehalten haben. Ein paar Wochen später nahm sie sich das Leben.

Keller war zerstört. Ihr Tod hatte ihn völlig überrumpelt. Was waren ihre Motive? Nie hatte sie auch nur das Leiseste angedeutet. Trug er eine Mitschuld?

Die «Öpfelchammer» am Rindermarkt 12, eins von Kellers Stammlokalen. Über 200 Jahre Zürcher Geschichte haben sich hier abgelagert.

· Niemand durfte Keller je auf Luise ansprechen. Einzig in einem Gedicht drückte er seinen Schmerz schon bald nach ihrem Tode aus:

Entschwundnes Gut, o Herz voll seltener Güte,
Steh auf und schüttle nur dein nasses Haar!
Tu auf die lieben Äuglein treu und klar,
Gebrochen in des Lenzes reinster Blüte!

Du musst mit meinem Grame schmerzlich kosen,
Solang er wacht, das ist die meiste Zeit!
Erst wenn der Tod mir selber Ruh verleiht,
Magst kehren du zu ruhn im Wesenlosen.

Sieben Jahre trauerte der einsame Dichter um Luise Scheidegger. Sein stadtbekanntes Bedürfnis nach Wein sank nicht in dieser Zeit. Er hatte verschiedene Stammlokale in Zürich, das Zunfthaus zur Meisen am Münsterplatz, die «Öpfelchammer» am Rindermarkt oder die «Bollerei» an der Schifflände. Dort im Haus Nummer 26 trank er seinen Roten, am liebsten Zürcher Wein. Er sass meistens allein, schweigsamer denn je. Brachte der Zeitungsjunge die Abendausabe der «Neuen Zürcher Zeitung» in die «Bollerei», durfte sie Keller immer als erster lesen.

Und dort, in der Gaststube, sah er Lina Weissert, die Saaltochter. Als dreizehnjährige Halbwaise war sie einige Jahre zuvor zusammen mit ihrem Vater aus Heilbronn nach Zürich gekommen. Als sie zwei Jahre später auch noch ihren Vater verlor, nahm der Speisewirt David Vontobel Lina zu sich und stellte sie in seinem Lokal an der Schifflände ein.

Es tat Keller gut, wenn Lina den Becher vor ihn hinstellte und ein paar Worte wechselte mit ihm, diesem wortkargen, schwer durchschaubaren Mann. Langsam taute er auf bei ihr, liess sich hinreissen, mit ihr zu plaudern und zu scherzen. Und schliesslich – es war Donnerstag vor Karfreitag – fasste sich der 53-jährige ein Herz und schrieb der 22-jährigen einen Heiratsantrag:

«Sie haben gestern Abend wahrscheinlich gemerkt, wo ich hinaus wollte mit meiner ungeschickten Ankündigung. Ohne viele Worte zu machen, will ich Sie daher jetzt fragen, ob Sie nicht zu viel Widerwillen haben, meine Frau zu werden? Wenn Sie mich nicht mögen, so wissen Sie es jetzt schon, und ich bitte Sie in diesem Fall, mir dieses Briefchen mit einem darüber oder darunter geschriebenen Nein heute Abend noch zurückzustellen, damit wir dann über die Sachen lachen können, wenn ich zurückkomme. Glauben Sie aber, mit mir leben zu können, und wollen Sie sich die Sache überlegen, so können Sie mir das an diesem Abende so zu verstehen geben, wie es Ihnen gefällt und gut scheint. Vielleicht könnten Sie mir über die Ostertage Gelegenheit geben, mich näher auszusprechen [...] Alle weitern bei solchen Anläßen übliche Redensarten will ich jetzt unterlassen, einzig will ich Ihnen sagen, daß es mich sehr glücklich machen würde für Sie sorgen und leben zu dürfen. Ihr Erg. G. K.»

Wen sollten diese Worte nicht rühren! Leider wusste Keller nicht, dass Lina im Begriff war, sich zu verloben, mit dem Juristen Eugen Huber, der später berühmt werden sollte als Autor des Schweizerischen Zivilgesetzbuches. Lina liess es dann nicht bei einem gschriebenen Nein bewenden:

«Ich kann nicht umhin, Ihrem geschätzten Schreiben einige Worte beizufügen. Genehmigen Sie vor allem meinen besten herzlichsten Dank für Ihre überaus liebevolle Ansicht, die ebenso unerwartet, als unverhofft an mich gelangte [...] Allein Sie wissen ja wohl, daß in solchen Angelegenheiten nicht allein der Verstand, sondern hauptsächlich das Herz reden soll. Daher zögere ich nicht länger mit der Antwort: Ich kann auf

Ihren auch noch so edel-denkenden Antrag nicht eingehen. Genehmigen Sie die Versicherung meines herzlichsten Dankes von Ihrer ergebenen L. W.»
Irgendwann schickte sich Keller in seine Ehelosigkeit: «Ich bin ein kleiner dicker Kerl, der abends 9 Uhr ins Wirtshaus und um Mitternacht zu Bette geht als alter Junggeselle.»

Keller verehrte die Frauen. In seinen Werken beschrieb er immer wieder kraftvolle, selbstständige, eigenwillige Frauenfiguren, die ihr Leben selbst in die Hände nahmen, facettenreiche Persönlichkeiten. Vielleicht wären ihm die Worte von Ricarda Huch ein Trost gewesen, hätte er sie zu seinen Lebzeiten noch lesen können. Die deutsche Schriftstellerin schrieb: «Von den Frauen vor allem sollte Gottfried Keller verehrt und dankbar liebend im Herzen getragen werden, denn sie haben unter den Dichtern keinen besseren Freund als ihn.»

Wohl wäre er aber auch gern einmal mehr als nur «Freund» gewesen.

Lydia Welti-Escher und Karl Stauffer-Bern in Zürich:
Lydia Welti-Escher verkehrte zu Lebzeiten oft im edlen «Baur au Lac» an der Talstrasse 1 (1).
Als Tochter des reichen Alfred Escher wohnte Lydia erst mit ihm, später mit ihrem Ehemann Friedrich Emil Welti in der Villa Belvoir im prächtigen Belvoirpark (2).

LYDIA WELTI-ESCHER (1858–1891) UND KARL STAUFFER-BERN (1857–1891)

Eine tragische Liebe

Karl Stauffer-Bern und Lydia Welti-Escher

Statue von Alfred Escher, einem der reichsten und einflussreichsten Schweizer Bürger, Unternehmer, Eisenbahnpionier, Nationalrat, Gründer der Credit Suisse, Vater von Lydia Welti-Escher. Die Statue steht vor dem Zürcher Hauptbahnhof.

Lydia Escher wohnte wie eine Prinzessin, in einer der schönsten Villen der Stadt, in der Villa Belvoir im prächtigen Belvoirpark am See. Und es gab viele Möchtegern-Prinzen, die sie dort hofierten. Doch sie liess alle abblitzen. Die meisten lockte sowieso nur beruflicher und gesellschaftlicher Aufstieg. Ihr Vater Alfred Escher war nämlich einer der einflussreichsten, mächtigsten Männer des Landes und sie die Allein-Erbin eines der grössten Vermögen in der Schweiz. Lydia ihrerseits träumte von der romantischen Liebe, von grossen Gefühlen.

Allzu viel Nestwärme hatte es nicht gegeben in ihrer Kindheit. Als Lydia sechs war, starb ihre Mutter. Erst schauten die beiden Grossmütter zu der Kleinen, später Erzieherinnen. Sie mochte nicht alle. Mit sechzehn war sie bereits die Hausherrin des Belvoir, führte die Angestellten, war Gastgeberin bei den grossen Empfängen, die der Eisenbahnkönig Alfred Escher, einer der reichsten Männer der Schweiz, für Mächtige und Einflussreiche aus dem In- und Ausland gab, und erledigte Schreibarbeiten für den vielbeschäftigten Vater. Sie war die Frau an seiner Seite und duldete da keine andere.

Lydia war gebildet und kulturbeflissen, wie es sich für eine Tochter aus gutem Hause geziemte. Ihres gehobenen Standes war sie sich sehr wohl bewusst. Zum gewöhnlichen Volk fühlte sie sich kaum hingezogen. Es war eine nüchterne, machtbewusste und abgeschottete Welt, in der sie lebte. Dabei sehnte sie sich nach einem aufregenderen Leben, frei von gesellschaftlichen Zwängen. Doch sie schaffte es nicht, sich freizuschwim-

Villa Belvoir, der Wohnort von Lydia Escher. Heute beherbergt das Haus eine Hotelfachschule und ein Restaurant.

men. Das schlug ihr immer wieder auf die Gesundheit. Und aufs Gemüt.

Eines Tages fiel ihr ein junger Mann auf unter den Gästen im Belvoir, Friedrich Emil Welti. Er war der Sohn des damals mächtigsten Bundesrates Emil Welti, ein Freund ihres Vaters. Friedrich Emil war höflich, umgänglich, kulturell interessiert, Jurist bei einer Versicherungsgesellschaft, nicht allzu ehrgeizig. Er war anders als die anderen Belvoir-Besucher, fand Lydia, keiner dieser aufgeblasenen neureichen Jünglinge. Er gefiel ihr. Eine Freundschaft entspann sich, man traf sich und schrieb sich. Die grosse Leidenschaft war das nicht. Doch ein Ereignis sollte ihre Beziehung schon bald etwas befeuern.

Zwischen den beiden Vätern entbrannte ein heftiger Streit. Beim Gotthard-Tunnelbau (1872–1882) waren die Kosten aus dem Ruder gelaufen, und Escher als Initiator dieses bahnbrechenden Projekts und Direktionspräsident der Gotthard-Bahngesellschaft wurde zum Sündenbock gemacht. Und ausgerechnet sein Freund, Bundesrat Welti, forderte nun seinen Rücktritt. Die Freundschaft zwischen den beiden Männern war damit schlagartig beendet. Und die Heirat zwischen den beiden Sprösslingen vom Tisch. Jedenfalls für Vater Escher.

Nicht aber für Lydia. Sie war wild entschlossen, die Beziehung zum jungen Welti heimlich weiterzuführen. Und schliesslich verlobte sie sich sogar hinter dem Rücken ihres geliebten Vaters. Wie aufregend war ihr Leben plötzlich geworden! Doch sie litt auch unter dem Streit der beiden Männer. Rückenschmerzen und ein Nervenleiden plagten sie.

Escher willigte dann endlich doch in die Heirat ein, aber er erlebte sie nicht mehr. Er starb im Dezember 1882; er war schon länger ernsthaft krank gewesen. Bereits einen Monat später zog Friedrich Emil als Ehemann von Lydia in die Villa Belvoir in Zürich-Enge ein. Für die 24-jährige änderte sich mit der

Hochzeit nicht allzu viel. Statt Tochter eines vielbeschäftigten Mannes war sie nun Ehefrau eines ebensolchen und weiterhin viel allein im Belvoir, gelangweilt, missmutig, immer wieder etwas kränklich. Der junge Welti konnte ihre hohen Ansprüche nicht erfüllen. Wohl habe sie ihm gegenüber Achtung und schwesterliche Liebe empfunden, sagte sie später. Aber Liebe oder Leidenschaft, nein. Ihr habe der höhere Genius gefehlt, welchen sie immer ersehnt habe. Diesen sollte sie bald woanders finden.

Eines Tages brachte Friedrich Emil einen ehemaligen Schulkameraden mit nach Hause, Karl Stauffer-Bern, einer der international gefragtesten Maler zu jener Zeit. Ein Mann mit schwarzem Haar, grossen schwarzen Augen, kühnem Blick. Lydia fing Feuer. Stauffer war bald regelmässig Gast im Belvoir. Mit ihm konnte sie über Kunst, Literatur, ja sogar Religion diskutieren. Er brachte Farbe in ihr Leben. Und weckte in ihr Gefühle, wie sie sie noch nie empfunden hatte.

Natürlich sollte er sie auch malen. Sommer 1886. Als Arbeitsort wählten sie das feuchtwarme Gewächshaus im Park der Villa. Stauffer spürte Lydias eindringliche Blicke sehr wohl auf sich. Er war es gewohnt, von Frauen angebetet zu werden. In der Regel stiess er keine von der Bettkante, schon gar nicht seine Modelle. Er könne keine recht malen, ohne sie umarmt zu haben, sagte er einmal. Dieses Modell jedoch rührte er nicht an.

Er schrieb an einen Freund: «Es ist schwer, die Frau Welti gut zu malen, sie ist nicht hübsch, ich muss alle Künste aufwenden, um der Sache irgendeinen Reiz abzugewinnen.»

Er malte sie jedoch nicht unhübsch, ganz in weiss. Doch steif und starr sitzt sie da, die Dame auf dem Bild, mit ihrem riesigen Kopfputz mit wuchtiger Schleife um den Hals und einem hochgeschlossenen Kleid, das sehr eng um die Brust scheint.

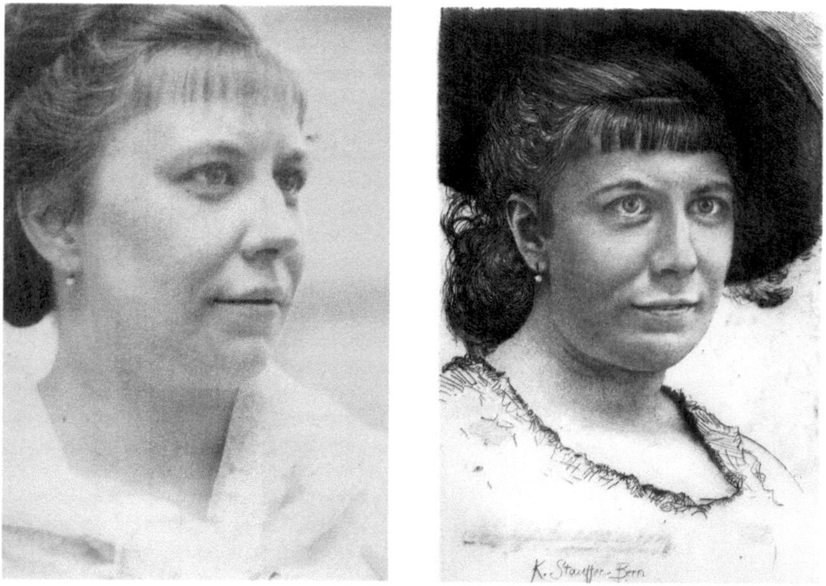

Zweimal Lydia Welti-Escher von Karl Stauffer-Bern. Links: Lydia auf einem Foto von Karl Stauffer; rechts: Lydia in einer Radierung.

Lydia Welti-Escher, gemalt von Karl Stauffer-Bern.

Wollte der Maler sein Modell auf Distanz halten oder musste er?

Er schrieb später an seinen Bruder – so ganz anders als zuvor an seinen Freund: «Wir liebten uns seit der ersten Minute unserer ersten Begegnung – hoffnungslos, denn sie war die Frau eines andern, dem sie Treue gelobt hatte.»

Stauffer beendete seine Arbeit im Belvoir und zog weiter. In Rom wollte er sich als Bildhauer weiterbilden, sein Schulfreund Welti sicherte ihm finanzielle Unterstützung zu. Lydia sah Stauffer oft monatelang nicht. Aber sie schrieben einander, freundschaftlich und offensichtlich unverfänglich, denn Lydia zeigte die Briefe auch ihrem Ehemann. Was sie ihm aber verschwieg: Sie fühlte sich einsam ohne ihren Maler, war aufgewühlt, nervös, wurde immer wieder krank. Welti war ratlos, brachte seine Frau zur Kur, ins Hotel Giessbach am Brienzersee, in die Thermalbäder von Baden, reiste mit ihr nach Paris an die Weltausstellung 1889. Es half alles nichts. Lydia sehnte sich nach Stauffer, und der war in Italien.

Schliesslich hielt es Lydia nicht mehr aus. In jenem Herbst bat sie ihren Mann, gemeinsam nach Rom zu übersiedeln. Noch einen Winter im nass-kalten Zürich würde sie gesundheitlich nicht überstehen, sagte sie ihm. Welti willigte ein, und Stauffer in Rom wurde gebeten, ihnen ein Zimmer in einem passenden Hotel zu buchen und später bei der Suche nach einer Villa behilflich zu sein. Stauffer wollte Lydia nicht in Rom. Er hatte dort gerade ein anderes Eisen im Feuer. Er buchte in Florenz. Im Oktober trafen die Weltis dort ein, und zu dritt genossen sie goldige Herbsttage. Bevor die Herbststürme das Land peitschten.

Die Geschäfte zogen Welti schon bald wieder zurück in die Schweiz, und Lydia sollte in Florenz bleiben. Allein mit Stauffer? Lustwandelnd in den lauschigen Gärten und malerischen Gassen der Stadt unter südlicher Sonne? War Welti tatsächlich so arglos? Oder wollte er die sehnsüchtigen Blicke nicht bemerken, die seine Gattin seinem Schulfreund immer wieder zuwarf? Wie auch immer – Lydia war es recht. Die beiden unternahmen lange Spaziergänge, diskutierten, philosophierten. Und dann weihte Stauffer Lydia in seine grossen Pläne ein. Er wollte eine Kunstakademie in Italien gründen und eine Art Weihetempel bauen, und er bat Lydia, ihn finanziell zu unterstützen.

Die Kunstliebhaberin war sofort begeistert von seiner Vision! Sie sah sich schon als Mäzenin eines Genies, als seine Muse und endlich seine Geliebte. A propos: Wie hielt er es eigentlich mit den Frauen? Lydia vermutete bestimmt keinen Kostverächter in Stauffer, so gut kannte sie ihn, aber eine solche Antwort auf ihre Frage hatte sie dann wohl doch nicht erwartet: Nun, er nehme jeden Rock, meinte er, mit Ausnahme der Damen von Welt, die seien zu fordernd. Das sass.

Lydia setzte zum Gegenangriff an und entgegnete kühl, sie ihrerseits empfinde keine Leidenschaft für ihn, er beeindrucke sie als Künstler, aber nicht als Mann. Der erfolgsverwöhnte Stauffer glaubte ihr wohl nicht wirklich. Er notierte einmal selbstbewusst: «Was ich weiss, ist nur, dass mir die Pforte jederzeit geöffnet war, ohne dass ich Gebrauch machte.»

Das Drama einer Nacht

Und dann schritt er doch hindurch. Vielleicht wollte er es nun etwas genauer wissen, wie das war mit Lydias angeblich fehlender Leidenschaft für ihn. In der Nacht nach diesem Gespräch klopfte er an die Tür von Lydias Hotelzimmer. Erst sei sie erschrocken, ihn da zu sehen, schrieb sie später. Aber dann: «Ich habe ihm nichts mehr verweigert.»

Sie nannte es sachlich: Hingabe aus höherer Berufung. Sie

war überzeugt, dass grosse Künstler die freie Liebe brauchten, um kreativ zu sein, und sie wollte da gerne Hand bieten; er sollte doch Grosses schaffen. Wirklich bloss uneigennütziger Dienst an der Kunst ihrerseits? Machte sie sich da nicht etwas vor?

Der Damm jedenfalls war gebrochen. Nach dieser Liebesnacht gabs für Lydia nur noch eines: Die Flucht. Mit Stauffer nach Rom, Hals über Kopf. Sie liess alles im Hotel zurück, Kleider, Necessaire, Geld. Sie wollte ihm ganz gehören, ein neues Leben anfangen. Schon nach ein paar Tagen schrieb sie an seine Mutter, die sie noch nie gesehen hatte: «Liebe Mamma!» und endete den Brief mit: «Deine Lydia Stauffer.»

Die Flucht des Paares blieb nicht lange geheim. Der Hotelier in Florenz telegrafierte Friedrich Emil Welti in Zürich. Und schon wusste es auch der Vater: Welche Schmach! Die junge Frau Welti durchgebrannt mit einem Frauenhelden, einem Künstler! Die Ehre des betrogenen Ehemannes musste sofort wiederhergestellt werden. Der alte Welti wusste auch wie. Als Bundesrat und Mitglied der Schweizer Regierung hatte er genug Fäden in der Hand.

Der Schweizer Gesandte in Rom, Simeon Bavier erhielt ein Telegramm, das Liebespaar sei zu verhaften. Sie sei in eine Irrenanstalt einzuweisen wegen geistiger Verwirrung, und er solle ins Gefängnis gesteckt werden, wegen Entführung einer Frau und - was noch schwerer wog - Vergewaltigung einer Geisteskranken. So geschah es. Es war ein gewaltiger Amtsmissbrauch, über den man in der Schweiz zu jener Zeit wohl sprach, doch die Fakten wurden von den Beteiligten später erfolgreich verwischt.

Lydia war nun also in einem Römer Irrenhaus. Endlich schlief sie wieder gut, las viel, schrieb ihre Gedanken auf. Den Ärzten gegenüber erklärte sie, sie sei weder gegen ihren Willen zu etwas gezwungen worden, noch bereue sie ihr Verhalten, gestand aber, gemäss der damaligen Normen unmoralisch gehandelt zu haben. Am Gelübde der ewigen Treue in der Ehe äusserte sie allerdings Zweifel.

Vier Monate später, im März 1890, durfte Lydia das Irrenhaus wieder verlassen. Die Ärzte schrieben ins Gutachten, Lydia Welti-Escher zeige keine Anzeichen einer psychischen Störung. Friedrich Emil Welti holte seine Frau in Rom ab, den Scheidungsvertrag in der Tasche, sein Vater hatte ihn dazu gedrängt. Im Vertrag wurde Lydia als Alleinschuldige bezeichnet, als Ehebrecherin, sie musste ihrem Mann eine grosse Abfindungssumme bezahlen, einen Fünftel ihres damaligen Vermögens.

Lydia war verzweifelt. Auch wenn sie sich ein Zusammenleben mit ihrem Gatten nicht mehr hätte vorstellen können, so war es doch hart, in aller Deutlichkeit von ihm verstossen zu werden. Wohin sollte sie gehen? Ins Belvoir zurück wollte sie nicht, überhaupt war Zürich, wo die Spatzen ihre Geschichte von den Dächern pfiffen, für sie keine Option mehr. Schliesslich entschied sie sich für Genf, erwarb sich ein Schlösschen und lebte dort einsam und zurückgezogen. Auch mit ihrem ehemaligen Geliebten wollte sie nichts mehr zu tun haben.

Friedrich Emil Welti, durch die Scheidung reich geworden, erwarb das Landgut Lohn in Kehrsatz bei Bern, welches heute als Gästehaus des Bundesrates für grosse Empfänge und Staatsbankette dient. Er heiratete ein zweites Mal. Gegenüber seiner Ex-Gattin spürte er keinen Groll. Und auch Lydia wollte den Kontakt zu ihm weiterführen. Nach ihrer Scheidung pflegten die beiden eine freundschaftliche Beziehung, verkehrten aber ausschliesslich schriftlich miteinander.

Und Karl Stauffer-Bern? Er war im Frühling 1890 aus dem Gefängnis entlassen worden, dank den Interventionen seines Bruders und eines Bildhauerfreundes. Ein Gericht in Italien sprach ihn später frei. Es gab keine Geisteskranke, die vergewaltigt worden war.

Doch der Skandal blieb an ihm haften. Seine Karriere, sein Ruf, seine Gesundheit, sein Leben, alles war ruiniert. Er schrieb Lydia verzweifelt, sie sei die einzige Frau gewesen, die er je geliebt habe, sie solle aufhören, ihn vernichten zu wollen: «Du hast mich zerbrochen, mein Herz, meine Kraft, alles, alles. Hab ich das verdient?» Lydia fand, ja. Sie habe in der Zwischenzeit erkannt, dass er sie «in der schändlichsten Weise» getäuscht habe, schrieb sie ihm. Er habe nur auf ihr Geld spekuliert. Er solle sie in Ruhe lassen.

Am 24. Januar 1891 nahm Stauffer in Florenz eine Überdosis Chloral zu sich. Eine Schweizer Tageszeitung schrieb über seinen Tod: «Die erschütterliche Lebenstragödie ist abgeschlossen; die stolze, hoffnungsfreudige, urwüchsige, geniale Kraft des vielseitig talentierten Künstlers und grossangelegten Menschen ist gebrochen.»

Nun trauerte Lydia und trug nur noch Schwarz. Sie glaubte jetzt doch, den toten Stauffer zu lieben. Sie machte sich Vorwürfe, ihn am Ende seines Lebens abgewiesen zu haben. Aber sie habe nicht wissen können, dass er so leide! Sie fühlte sich immer einsamer in ihrer Abgeschiedenheit in Genf, fand keinen Sinn mehr in ihrem Leben. Stauffer sei für sie gestorben, also müsse sie für ihn sterben, sagte sie einmal. Mehrmals versuchte sie sich das Leben zu nehmen. Sie stürzte sich in den eiskalten Fluss, sie stach sich die Vene auf. Doch sie wurde immer wieder gerettet.

Am 12. Dezember 1891 sperrte sich die 33-jährige Lydia Welti-Escher in ihr Badezimmer ein und öffnete den Gashahn. Diesmal kam jede Hilfe zu spät.

Thomas Mann und Franz Westermeier in Zürich:
Thomas Mann residierte im Dolder Grand Hotel (Kurhausstrasse 65 [1]) und verliebte sich dort in den Kellner Franz Westermeier.

THOMAS MANN (1875-1955) UND FRANZ WESTERMEIER

Die Schwärmerei eines alten Herrn

Thomas Mann und Franz Westermeier.

Es war ihm wieder passiert! Er spürte es. Er begehrte einen schönen jungen Körper – und nur den Körper, ohne Interesse am Geist des jungen Mannes. Wieder also diese Bewunderung des «göttlichen Jünglings». Und er kannte die Folgen: ein Überflutetwerden von Gefühlen, Unruhe, unstillbares Verlangen bis hin zur Besessenheit, Versteckspiel, Liebe bloss geträumt, nicht gelebt. Ein Balanceakt zwischen schwer erträglicher Distanz und unverdächtiger Nähe: Wie viel Nähe zum begehrten Objekt durfte er suchen, ohne sich zu verraten und vor allem: ohne peinlich zu wirken?

Sommer 1950. Es war heiss in Zürich. Thomas Mann logierte im Grand Hotel Dolder, ausnahmsweise. Er stieg sonst immer in seinem geliebten Hotel Baur au Lac ab, wenn er Zürich besuchte, seit seiner Hochzeitsreise mit Katja viele Jahre zuvor. Meist wünschte er sogar dieselbe Suite. Doch in jenem Sommer war es in der Stadt zu drückend für den 75-Jährigen. Das edle Dolder auf dem Zürichberg, das mit seinen Türmchen wie ein Zauberschloss hoch über der Stadt thronte, war diesmal die bessere Wahl. Spaziergänge im nahen Wald boten etwas Erfrischung, und im schattigen Garten des Hotels konnte man sich angenehm entspannen.

Und dort, im Restaurant auf der Hotel-Terrasse, begegnete der Schriftsteller seiner «letzten Liebe». Seine Tochter Erika war damals bei ihm, seine Frau Katja war für eine Operation im Spital Hirslanden. Ein schneidiger junger Kellner stellte Tee und Kuchen vor seine beiden Gäste und wünschte ihnen freundlich guten Appetit. Mann sah ihn an. Schöne Augen, braunes, gewelltes Haar, erstaunlich feine Hände. Er beobachtete den Jungen, wie er flink von Tisch zu Tisch eilte und elegant Teller und Tassen balancierte. «Berufsmässige Gewandtheit, Höflichkeit, Virtuosität der Bewegungen», schrieb Mann am Abend in sein Tagebuch. «Blick für seine Mängel, das Profil nicht sangeswürdig, während *en face* das Gesicht unendlich gewinnt und die diskrete, höfliche, von Münchner Dialekt gefärbte Stimme ‹zu Herzen› geht.» Er schätzte ihn fünfundzwanzig. «Kein Knabe, sondern ein junger Mann.»

Die Schwärmerei eines alten Herrn

Franz Westermeier war jünger, neunzehn, und kam aus Tegernsee in Oberbayern. Er erkannte Thomas Mann sofort. Wenige Tage zuvor hatte er ihn in einem Bericht in der «Wochenschau» im Kino gesehen, den berühmten Schriftsteller und Nobelpreisträger, den Verfasser des «Zauberberg», der «Buddenbrooks», des «Tod in Venedig».

Fast täglich bediente der junge Kellner Vater und Tochter nun an ihrem Tisch. Thomas Mann plauderte mit Franzl, wie er ihn nannte, und versuchte ungezwungen zu wirken. Flirtete mit ihm und bemühte sich, seine schmeichelnden Worte mit Selbstironie zu entschärfen. Manchmal nahm er eine Zigarette hervor und bat den jungen Mann um Feuer, nur um beobachten zu können, wie Franz das Streichholz anzündete, schon fast zärtlich den Funken in seiner hohlen Hand schützte, diesen Funken zu einer schönen, ruhigen Flamme werden liess und ihm diese schliesslich behutsam hinhielt.

Ausserhalb der Essenszeit suchte Mann immer wieder scheinbar zufällige Begegnungen. War Franz unauffindbar, wurde er nervös, völlig beherrscht von den Gedanken an ihn. Sah er ihn vorbeieilen und nahm sich der Junge keine Zeit für ihn, nicht einmal für eine kurze Frage nach seinem Befinden, fühlte sich Mann zurückgestossen wie ein abgewiesener Liebhaber.

Er schrieb in sein Tagebuch: «Schmerz, Liebe, nervöse Erwartung, stündliche Träumereien. Zerstreutheit und Leiden. Sah sein Gesicht, das es mir angetan, einmal flüchtig bei der Herabkunft im Lift [...]» Rief der Kellner ihm beim nächsten Mal ein freundliches «Ein herrlicher Abend, nicht wahr?» zu, war alles wieder gut. Für kurze Zeit.

Doch schon verlangte es den Verliebten wieder nach mehr: Weshalb war der Junge so förmlich, so überaus korrekt? Weshalb auf Manns vertrauliches «Hallo!» bloss eine steife Verbeugung zum Gruss? Ja, es war dem Schriftsteller noch einmal passiert: «Noch einmal also dies, noch einmal die Liebe, das Ergriffensein von einem Menschen, das tiefe Trachten nach ihm – seit 25 Jahren war es nicht da und sollte mir noch einmal geschehen.»

Tochter Erika war es peinlich. Natürlich war ihr das Schmachten ihres Vaters nicht verborgen geblieben, sie schalt ihn, unbeherrscht zu sein, den Jungen zu verschlingen mit seinen Blicken. Mann wehrte sich, stritt alles ab. Ins Tagesbuch schrieb er, was er Erika gesagt hatte: «Das Wohlgefallen an einem schönen Pudel sei nichts Verschiedenes. Viel sexueller sei dies auch nicht.»

Doch Erika war nicht überzeugt.

Mann notierte auch: «Wüsste nicht, dass sein Körper mich anzöge. Aber hier ist etwas fürs Herz, was ich voriges Jahr nicht fand.» Wollte er sich nicht zugestehen, dass er Franz begehrte? Denn ein andermal schrieb er wieder: «Scham, Schmerz und mutloses Gefühl.»

Das Dolder Grand Hotel in Zürich (Kurhausstrasse 65), wo Thomas Mann seinem Franzl begegnete.

Nach ihrer Operation zog auch Katja Mann zu Ehemann und Tochter ins Hotel Dolder. Mann hatte seiner Frau bereits im Spital von Franzl erzählt, von seinem «Faible», wie er ihn ihr gegenüber nannte, und sie hatten beide gelacht über diese ach so harmlose Anwandlung des älteren Mannes. Doch als Katja den jungen Kellner vor sich hatte, empfand sie keine Sympathie für ihn. Der Blick in seinen Augen gefiel ihr nicht. Zu kokett, fand sie.

Die Tage im Dolder waren gezählt. Die Manns wollten nach Sils Maria weiterreisen. Normalerweise freute sich Mann auf den Aufenthalt in den Bündner Bergen. Doch nicht jetzt, wo dies die Trennung von Franzl bedeutete. Würde er ihn jemals wiedersehen? Die letzten Tage wurden zur Qual. Mann konnte die Anwesenheit Franzls kaum mehr geniessen, und doch wollte er ihn noch möglichst viel sehen. Einmal liess er Franz die Suppe wieder zurücknehmen, um sie stärker erhitzen zu lassen, einmal in einem Kännchen noch etwas mehr Sauce bringen, einmal die Gabel ersetzen, die Mann, wohl kaum zufällig, zu Boden gefallen war. Dann eine letzte Begegnung am letzten Abend. Franz sah den Schriftsteller vor dem Lift stehen. Er ging auf ihn zu, schüttelte ihm die Hand, wünschte ihm gutes Wetter in den Bergen und fügte höflich an: «Vielleicht sieht man sich doch einmal wieder, Herr Mann.»

Mann war gerührt, brachte kaum ein Wort hervor, steckte dem Jungen ein grosszügiges Trinkgeld zu und murmelte, wenn er irgend etwas für ihn tun könne, solle er sich bitte bei ihm melden. Was er dem Jungen gerne gesagt hätte, schrieb er dann auf seinem Zimmer ins Tagebuch: «Leb wohl in Ewigkeit, Du Reizender, später, schmerzlich aufwühlender Liebestraum. Ich werde noch etwas leben, noch etwas tun und sterben. O, unfassliches Leben, das sich in der Liebe bejaht.»

Sils Maria, die herrliche Landschaft, die Berge, die frische,

Die «Bodenstation» der Dolder-Zahnradbahn, die das Dolder mit der Stadt verbindet. Der Endpunkt der Bahn ist der Römerhof (Klosbachstrasse, Ecke Asylstrasse).

kühle Luft, die so viel angenehmer war als im heissen Zürich, das alles nahm Thomas Mann kaum wahr. Eine Frage trieb ihn um, seit er sich von Franzl verabschiedet hatte: Unter welchem Vorwand konnte er ihn wieder sehen oder zumindest Kontakt herstellen? Hatte er ihm nicht anerboten, eine gute Referenz für ihn abzugeben bei seiner Bewerbung in einem Genfer Hotel? Könnte er sich erkundigen, ob er die Stelle erhalten hätte oder seiner Hilfe bedürfe? In der tiefen Verunsicherung des hoffnungslos Verliebten hielt Mann Familienrat und wurde von Frau und Tochter ermuntert: Es wäre weder unschicklich noch aufdringlich, wenn er ihm schriebe, es zeugte von natürlicher Anteilnahme eines älteren Mannes am beruflichen Vorwärtskommen eines jungen Menschen. Nach bloss zwei Tagen in Sils Maria schickte der Schriftsteller bereits einen Brief nach Zürich.

Die Erleichterung, gehandelt zu haben, ein Zeichen ausgesandt zu haben, war von kurzer Dauer. Die Aktion forderte nun eine Reaktion. Die Zeit des Wartens begann. Eine unerträgliche Zeit. Täglich fragte er an der Rezeption nach Post aus Zürich. Zur Ungeduld gesellte sich bald die Angst, nicht die gewünschte Wirkung erzielt zu haben, missverstanden worden zu sein. Fühlte sich der Junge bedrängt, belästigt? Bevormundet? War das Schreiben überhaupt angekommen? Wenig heiteres Rätselraten.

Dann, nach unendlich langen zehn Tagen der ersehnte Brief. Er habe sich sehr gefreut über die Nachfrage, schrieb Franz, die Stelle habe er gekriegt, sei für den Rest der Saison aber im Dolder verpflichtet, nochmal herzlichen Dank für alles. War das nun nur höflich? Nicht mehr? Dem Dürstenden wurden die Lippen benetzt. Mehr nicht.

Tochter Erika missbilligte zwar die Schwärmerei ihres Vaters, aber sie sah auch seine Not. Noch im selben Sommer arrangierte sie hinter seinem Rücken noch einmal einen Besuch im Grand Hotel Dolder. Sie hatte das Haus einem guten Freund der Familie empfohlen, den man nun selbstverständlich dort besuchen musste. Mann zögerte. Was, wenn der Junge nicht dort wäre? Könnte er die Enttäuschung verkraften? Dann zog es ihn doch hin.

Ein letztes Mal sein Franzl

Und er sah ihn, seinen Franzl! Ein letztes Mal. Der Junge war charmant wie immer, bedankte sich noch einmal für den Brief aus Sils Maria, über den er sich sehr gefreut hätte. Als Mann vernahm, er hätte die Stelle in Genf nun doch nicht gekriegt, weil das Hotel Dolder ihn nicht rechtzeitig hätte gehen lassen, machte er sich heftige Vorwürfe. Weshalb hatte er nicht beim Dolder-Direktor ein gutes Wort für ihn eingelegt! Weshalb hatte er die Chance nicht genützt, seinem Franzl etwas Gutes zu tun!

Mann war aufgewühlter denn je nach dieser Begegnung. Es verging kein Tag, ohne dass er ihn in seinem Tagebuch erwähnte. Da half es auch nicht, dass ihn schon bald hunderte von Kilometern von seinem Liebesobjekt trennten. In jenem August übersiedelten die Manns für einige Zeit in die USA, nach Kalifornien. Monatelang wartete er auf ein Zeichen seines geliebten Jünglings, jede Post durchsuchte er zuerst nach einem Brief mit seiner Handschrift. Dabei schalt er sich zu alt zu sein, um sich mit seinen 75 Jahren noch solchen Sehnsüchten, solchem Verlangen hinzugeben. Der Brief, den ihm Franz nach Sils Maria geschickt hatte, blieb sein letzter. Mann hütete ihn wie einen kostbaren Schatz. Er steckte ihn in sein Tagebuch und schämte sich dabei.

Litt Thomas Mann, weil er seine Leidenschaft nicht hatte ausleben können? Oder konnte er seine Leidenschaft nicht ausleben, weil er leiden wollte? Nächtens in seinem Zimmer im Dolder hatte er in Gedanken an den jungen Westermeier einmal geschrieben: «Banale Aktivität, die Erprobung, wie weit er willens wäre, gehört nicht zu meinem Leben, das Geheimnis gebietet.» Er war überzeugt, dass die Sehnsucht einen Schriftsteller produktiv machte, die Erfüllung hingegen träge und satt.

Mann war produktiv. Er begann, den jungen Franz Westermeier in seinem letzten Roman «Bekenntnisse des Hochstaplers Felix Krull» nachzuzeichnen. Aus Franzl wurde der Liftboy, der in einem Hotel die Lehre absolvierte und von einem Gast heftig begehrt wurde. Und der Gast war – eine Schriftstellerin! Die reiche Madame Houpflé. Ihr gestand Mann nun die Erfüllung zu: Sie durfte sich einer kurzen, aber heftigen Affäre hingeben zu dem um etwa zwanzig Jahre jüngeren Boy. Und er lässt Madame Houpflé ihrem Liebesobjekt zum Abschied sagen: «Du wirst in meinen Versen und Romanen weiterleben.»

Was wusste oder ahnte Franz Westermeier überhaupt von der Leidenschaft, die er im Schriftsteller ausgelöst hatte? Als 1991 Thomas Manns Tagebücher aus den Jahren 1949/1950 erschienen, war Westermeier im Hotel «St. Regis» in New York als Bankett-Oberkellner tätig. Mit den Tagebucheinträgen konfrontiert, meinte er, er könne sich sehr gut an den Schriftsteller erinnern, aber dass er in ihn verliebt gewesen sei, hätte er nicht gewusst: «Wenn ich an Thomas Manns Tisch servierte, war er immer sehr freundlich und steckte mir heimlich Trinkgeld zu, damit ich es nicht abliefern musste. Nie ist er mir in irgendeiner Weise nahe getreten.»

Sein Leben gebot Geheimnis, schrieb Thomas Mann. Er hatte sich bei Franz daran gehalten.

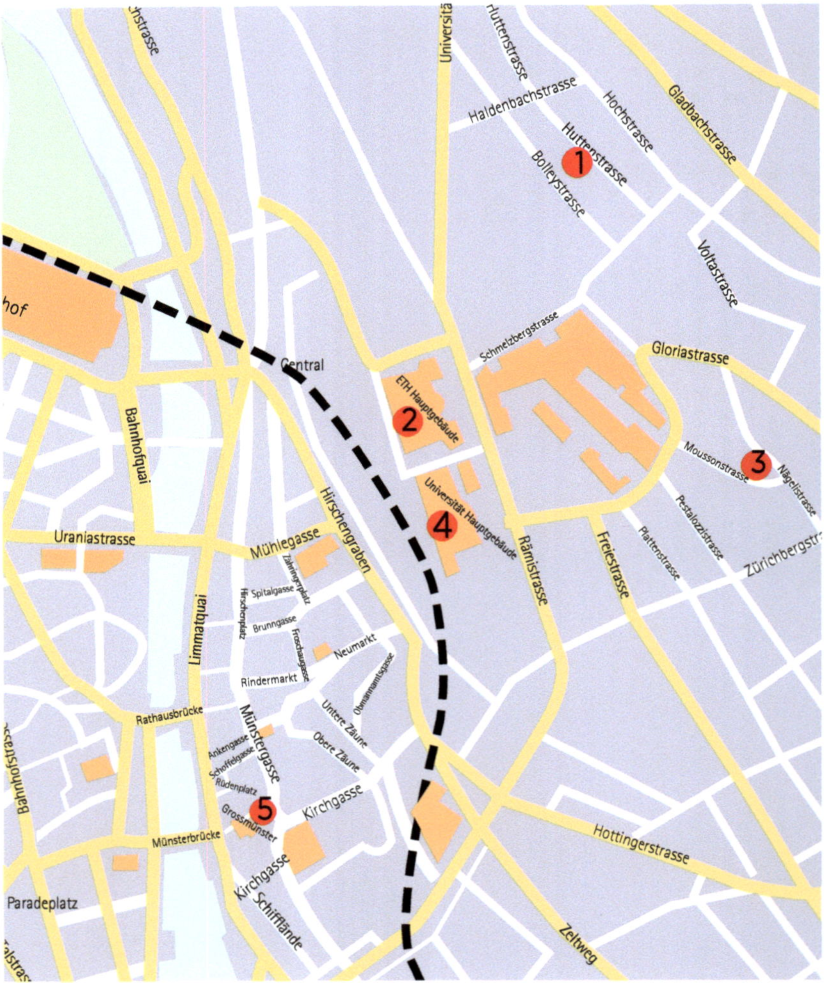

Albert Einstein und Mileva Maric in Zürich:
Zusammen mit ihren zwei Söhnen lebte Mileva Maric nach der Scheidung von Albert in einem Haus an der Huttenstrasse 62 (1).
Mileva und Albert lernten sich während des Studiums am Polytechnikum (heute ETH, Rämistrasse 101 [2]) kennen.
Die Einsteins lebten gemeinsam an der Moussonstrasse 12 (3), als die Familie noch intakt war.
1905 dissertierte Albert Einstein an der Universität Zürich (Rämistrasse 71 [4]).
Als junge Frau besuchte Mileva die Höhere Töchterschule beim Grossmünster (5).

ALBERT EINSTEIN (1879–1955) UND MILEVA MARIC (1875–1948)

Eine Liebe ohne Happy End

Mileva Maric und Albert Einstein.

Kennen Sie Einsteins Relativitätstheorie? «Wenn man zwei Stunden lang mit einem Mädchen zusammensitzt, meint man, es wäre eine Minute. Sitzt man jedoch eine Minute auf einem heißen Ofen, meint man, es wären zwei Stunden. Das ist Relativität.»

Herrlich anschaulich. Einiges anschaulicher – jedenfalls für den Laien –, als seine Relativitätstheorie, für die er berühmt wurde, samt der wohl berühmtesten Formel der Welt: $E = mc^2$.

Der junge Albert Einstein sass gern mit Mädchen zusammen, mit einem ganz besonders, seiner Mitstudentin Mileva am Polytechnikum in Zürich. Und schon bald schrieb er ihr, schwer verliebt: «Wie hab ich nur früher allein leben können, Du mein kleines Alles. Ohne dich fehlt mirs an Selbstgefühl, Arbeitslust, Lebensfreude – kurz ohne Dich ist mein Leben kein Leben.»

Für Mileva Maric kam dieses Liebeswerben sehr überraschend. Noch nie hatte sich ein Junge für sie interessiert. Geschweige denn ihr den Hof gemacht. Wieso auch, sie hinkte ja, sie war mit einem verrenkten Hüftgelenk auf die Welt gekommen und war deswegen auch oft gehänselt worden in der Schule in Österreich-Ungarn (heute Serbien), wo sie aufgewachsen war. Ihre Eltern hatten sie darauf vorbereitet, dass sie mit ihrer Behinderung nie einen Mann finden werde, dass sie sich darüber aber nicht grämen solle, sie sei sehr gescheit, sie werde ihr Leben auch alleine meistern. Und sie hatten ihr versprochen, ihr die beste Ausbildung zu ermöglichen.

Tatsächlich war Mileva schon als Siebenjährige von ihrem Lehrer als ein «seltsames Phänomen» bezeichnet worden. Sie hatte eine ungewöhnlich schnelle Auffassungsgabe und war sehr wissbegierig. Auch später war sie in allen Fächern gut, speziell aber in Mathematik und Physik, und sogar im Zeichnen und Klavierspielen brillierte sie. Sie richtete sich also darauf ein, eine Karriere zu machen, wie ein Mann.

Und auf diese Karriere wollte sie sich in Zürich vorbereiten. Hochschulen, die Frauen zuliessen, gab es damals noch nicht viele in Europa, in Zürich boten sich jedoch gleich zwei Möglichkeiten: das Eidgenössische Polytechnikum (heute ETH) und die Universität. Die Zürcher Universität war überhaupt die erste gewesen im deutschsprachigen Raum, die ihre Tore auch für Studentinnen geöffnet hatte. Die russische Medizinstudentin Nadeschda Suslova hatte in den 1860er Jahren als erste davon profitiert.

Mit achtzehn kam Mileva also in die Limmatstadt, ganz allein. Aber sie fühlte sich sofort wohl hier. Der zurückhaltende, fleissige Menschenschlag der Zürcher gefiel der schüchternen, introvertierten und zielstrebigen jungen Frau. Nach der Matura an der Höheren Töchternschule beim Grossmünster schrieb sie sich 1896 am Poly für Mathematik und Physik ein, in jenem Jahrgang als einzige Frau unter fünf Studenten. Mit ihren einundzwanzig Jahren war sie die älteste in der Gruppe, der siebzehnjährige Albert Einstein der jüngste.

Erst fand Albert sie auch gar schweigsam und in sich gekehrt, diese Kommilitonin mit den dunklen ernsten Augen. Aber irgendwie beeindruckte sie ihn. Er hatte schon hübschere Frauen gesehen, aber noch keine, die so viel wusste und konnte. Sie war unglaublich fleissig und ihm oft eine Nasenlänge voraus. Das alles hätte er keiner Frau zugetraut, hiess es doch immer, Frauen hätten ein zu kleines Gehirn für die Naturwissenschaften.

Die ETH Zürich (damals noch «Eidgenössisches Polytechnikum») im Jahr 1880. Dort lernten sich Albert Einstein und Mileva Maric kennen.

Wenn er mit ihr über physikalische Fragen debattierte, blühte sie jeweilen richtig auf, wurde sehr bestimmt und voller Energie, und alles Dunkle wich aus ihrem Gesicht. Speziell in Mathematik war sie ihm überlegen, da konnte er beim gemeinsamen Arbeiten von ihr nur profitieren. Eigentlich auch von ihrer Zielstrebigkeit. Wer weiss, ob er ohne sie die Disziplin aufgebracht hätte, sich so in seine Studien reinzuknien. Er hatte ständig Flausen im Kopf, mal neckte er Mileva, mal versuchte er sie abzulenken, sie auf einen Spaziergang auf den Üetliberg oder an den See zu locken. Aber sie blieb immer eisern bei der Sache und mahnte ihn, dasselbe zu tun. Nicht einmal für kleine Komplimente schien sie empfänglich! Mit denen konnte der Charmeur bei den Mädchen sonst immer punkten! Sie hatte wirklich nur ihre Karriere im Kopf. Trotzdem, sie gefiel ihm je länger je besser. Er blieb am Ball.

Und langsam taute Mileva auf. Sie trafen sich nun öfters auch in ihrer Freizeit, vorerst allerdings nur in der Clique, mit ihren Mitstudenten und befreundeten Studentinnen aus Milevas Heimat. Man unternahm gemeinsame Ausflüge oder musizierte, Albert brachte bisweilen seine Geige mit, er spielte ausgezeichnet, überhaupt liebte er Musik. Aber da war etwas, das Mileva bald nicht mehr behagen wollte. Was stellte dieser Albert nur an mit ihr? Weshalb musste sie so viel an ihn denken, viel mehr als ihr lieb war? Manchmal, wenn sie vom Zeltweg, wo sie ein Zimmer gemietet hatte, zum Poly hochschritt, freute sie sich fast mehr aufs Wiedersehen mit ihm als auf die Vorlesungen. Wo führte das hin? Sie durfte ihr Ziel nicht aus den Augen verlieren: Eine Karriere wollte sie, niemals eine Ehe! Sie musste weg hier. Ein Auslandsemester! Sie musste Abstand und einen klaren Kopf gewinnen. Aus den Augen, aus dem Sinn, hoffte sie.

Im Herbst 1897 schrieb sie sich an der Universität in Heidelberg ein. Doch die gewünschte Wirkung blieb aus. Dieser

Junge in Zürich hatte sich längst in ihrem Herzen eingenistet. Sie vermisste ihn. Nach einem knappen halben Jahr kehrte sie ans Poly zurück.

Wenn immer möglich steckten Albert und Mileva nun beieinander. Waren sie getrennt, schrieb Albert sehnsuchtsvolle Briefe an sein «liebes süsses Doxerl», seine «liebe Mietz», sein «Hexchen». «Ich mag hingehen, wo ich will – ich gehöre doch nirgends hin und ich vermisse zwei Ärmchen und das glühende Mäulchen voll Zärtlichkeit und Puzerline.»

Aber sie war ihm nicht nur Geliebte, das spürte Mileva. Er respektierte und schätzte sie auch als Wissenschaftlerin. Das war für sie entscheidend, damit gewann er ihr Herz. Wie manchen Mann hatte sie spotten hören über Frauen, die studierten und etwas erreichen wollten, wie oft bekamen sie und ihre Kolleginnen sogar von Dozenten und Professoren zu spüren, dass ihre Fähigkeiten angezweifelt wurden! Albert zweifelte nicht an Mileva, im Gegenteil, er unterstützte und ermunterte sie: «Du musst jetzt deine Untersuchung fortsetzen – wie stolz werde ich sein, wenn ich gar vielleicht ein kleines Dokterlin zum Schatz hab und selbst noch ein ganz gewöhnlicher Mensch bin!»

Zudem war sie seine Triebfeder bei ihren gemeinsamen Studien: «Sogar meine Arbeit erscheint mir zwecklos und unnötig, wenn ich mir nicht dazu denke, dass Du Dich mit dem freust, was ich bin und was ich tu.» Und wenn sie einmal verreist war: «So sehr fehlst Du mir, meine kleine, liebe ‹rechte Hand›.»

Und noch etwas kam hinzu: Es kümmerte ihn überhaupt nicht, dass Mileva hinkte. Genauso wenig wie sie sich daran störte, dass er stets so ungepflegt daher kam, mit zerzausten Haaren und nachlässig gekleidet.

Obwohl Mileva ihr Herz nicht auf der Zunge trug, liess nun auch sie sich in ihren Briefen gelegentlich zu Gefühlsäusserungen hinreissen. «Da ich dich so gern hob und du so weit bist, dass ich dir keins Putzerl kann geben, schreib ich dir jetzt dieses Brieferl und frag dich, ob du mich auch so gern host, wie ich dich? Antworte mir sofort. Tausend Küsserline von deins Doxerl», schrieb sie, den süddeutschen Dialekt nachahmend - sich verschämt hinter ihm versteckend? -, den Albert sprach. Albert Einstein war als Sohn eines jüdischen Fabrikanten in München aufgewachsen. In die Schweiz war er gekommen, weil er hier studieren wollte. In Aarau hatte er die Matura nachgeholt. Im Gymnasium in München, wo Zucht und Ordnung oberstes Gebot gewesen war, hatte es der rebellische, freiheitsliebende Junge nicht ausgehalten. Dort hatte er die Schule noch vor dem Abitur geschmissen, die entnervten Lehrer hatten ihm nicht nachgeweint.

Eine unmögliche Beziehung

Ein ungleiches Paar, Albert und Mileva. Hier der extrovertierte, egozentrische, wenig disziplinierte Albert, dort die vier Jahre ältere, verschlossene, zu Schwermut neigende, strebsame Mileva. Aber ihre Liebe, ihr gegenseitiger Respekt, ihr Interesse an ihren gemeinsamen wissenschaftlichen Arbeiten verbanden sie. Und sie liessen sich auch nicht davon beirren, dass beide Eltern wenig Freude an ihrer Verbindung hatten. Vor allem Alberts Mutter passte die Freundin ihres Sohnes nicht. Als ihr ihr einundzwanzigjähriger Liebling einmal eröffnete, er werde Mileva eines Tages zu seiner Frau machen, warf sie sich aufs Bett, vergrub ihren Kopf in den Kissen und weinte wie ein Kind, so rapportierte Einstein seiner Geliebten. Und er verschonte sein liebes Doxerl auch nicht mit den unschönen Details des darauffolgenden Wutausbruches von Frau Mama. «Sie ist ein Buch wie du - du solltest aber eine Frau haben», habe sie geschrien. Dazu fürchtete sie, Mileva wäre ihres Hüftleidens wegen nicht völlig gesund. Und dass sie älter war als ihr Albert, passte ihr ohnehin nicht: «Bist du dreissig, ist sie eine alte Hexe!» – Mit vierunddreissig! – «Du vermöbelst dir deine Zukunft und versperrst dir deinen Lebensweg. Wenn sie ein Kind bekommt, dann hast du die Bescherung.»

Diese liess tatsächlich nicht lange auf sich warten, die Folgen waren für Mileva allerdings schwerwiegender als für Albert.

Noch aber war es nicht so weit. Noch war eine Heirat auch nicht konkret geplant. Erst wollte Albert eine feste Anstellung finden. Er hatte sein Studium mittlerweile mit dem Fachlehrer-Diplom abgeschlossen, aber seine Hoffnungen auf eine Assistenzstelle zerschlugen sich immer wieder. Überall wurde er abgewiesen, bei seinem Professor am Poly wie auch an ausländischen Universitäten. Mit seinem Lehrerdiplom konnte er zwar unterrichten, er kriegte eine befristete Anstellung als Hilfslehrer am Technikum in Winterthur, dann an einer Privatschule in Schaffhausen. Aber befriedigend war das alles nicht. Daneben arbeitete er aber an seiner Dissertation, und Mileva unterstützte ihn dabei tatkräftig.

«Wie glücklich und stolz werde ich sein, wenn wir beide zusammen unsere Arbeit über die Relativbewegung siegreich zu Ende geführt haben!», schrieb er ihr im März 1901. Zu jener Zeit erhielt er das Schweizer Bürgerrecht und war nun auch Bürger der Stadt Zürich.

Nicht nur bei der Arbeit, sondern auch psychisch war ihm Mileva in jener Zeit eine grosse Stütze. Dass er von seinen Professoren abgewiesen worden war, hatte ihn tief verletzt. Milevas unerschütterlicher Glaube an ihn und seine Fähigkeiten stärkte sein angeschlagenes Selbstvertrauen. So richtig verstanden fühlte er sich nur von ihr: «Wie glücklich bin ich, dass ich in Dir eine ebenbürtige Kreatur gefunden habe, die gleich kräftig und selbständig ist wie ich selbst! Ausser mit Dir bin ich mit allen allein.»

Doch er war kein Kind der Traurigkeit und nie lange niedergeschlagen. Dann schrieb er ihr wieder in seiner alten Unbekümmertheit und Zuversicht: «Was übrigens auch immer werden mag, wir kriegen das reizendste Leben von der Welt.»

Doch vorerst wurde es eher schwierig. Mileva wurde schwanger. Auch für das junge Paar etwas gar früh, er ohne festes Einkommen, sie noch ohne Abschluss an der Universität. Doch sie beschlossen, das Kind zu behalten. Albert versprach, sofort eine Stelle zu suchen, egal welche. «Meine wissenschaftlichen Ziele und meine persönliche Eitelkeit werden mich nicht davon abhalten, die untergeordnetste Rolle zu übernehmen», schrieb er Mileva und versprach, sie sofort zu heiraten, sobald er eine feste Anstellung gefunden hätte.

Mileva tat es in tiefstem Herzen gut zu hören, wie sehr sich ihr Johonzel, wie sie ihn zärtlich nannte, für seine zukünftige kleine Familie einsetzen wollte. Doch sie riet ihm dringend davon ab, sich auch mit einer minderwertigen Arbeit zufrieden zu geben. Sie wusste, es würde ihn nicht glücklich machen. Es war wohl das letzte Mal, dass sie ihn ermahnen musste, wegen seiner Familie seine Karriere nicht aus den Augen zu verlieren.

Mit ihrer eigenen Karriere lief es nicht gut. Sie hatte die Fachlehrer-Prüfung beim ersten Mal nicht bestanden und scheiterte auch beim zweiten Versuch. Sie war im dritten Monat schwanger und hatte längst nicht mehr ausschliesslich ihren Studienstoff im Kopf. Sie beschloss, das Poly zu verlassen. Und sie verliess auch die Stadt. Niemand durfte etwas von ihrer Schwangerschaft wissen, es hätte dem Ruf des ledigen Kindsvaters, der doch erst am Anfang seiner Karriere stand, schaden können, und auch seine Eltern durften nichts davon erfahren.

Mileva Maric mit ihren Söhnen Eduard (links) und Hans Albert Einstein (rechts).

Mileva fuhr zu ihren Eltern nach Novi Sad in Serbien. Ihre Träume, die sie einst nach Zürich geführt hatten, liess sie hinter sich zurück. Sie hatte sich eine Karriere gewünscht und musste ihr Studium abbrechen, sie hatte nie eine Familie gewollt und war nun schwanger. Sie hatte selbstständig und unabhängig durchs Leben gehen wollen und hatte ihr Herz an einen Mann verloren. Mileva stand an einem Wendepunkt. Eine tragische Wende oder vielleicht doch eine glückliche?

Es würde ein Mädchen werden, da waren sich Albert und Mileva sicher. Sie schrieben einander liebevoll von ihrem Lieserl, auf das sie sich freuten. Nur einmal meinte Einstein, eigentlich würde er sich lieber einen Hanserl vorstellen. Lieserl kam anfangs 1902 zur Welt. «Ist es auch gesund und schreit es schon gehörig? Was hat es denn für Augerl? Wem von uns sieht es mehr ähnlich?», schrieb er ganz aufgeregt. «Ich hab es so lieb & kenns doch noch gar nicht!»

Einstein wohnte nun in Bern und gab Privatunterricht, bis er im Sommer 1902 seine erste feste Stelle antreten konnte: als technischer Experte 3. Klasse beim Schweizer Patentamt in der Bundeshauptstadt. Einer Heirat stand nun also nichts mehr im Wege. Und doch schien nicht klar, was mit dem Kind passieren würde. «Ich möchte nicht, dass wir es aus der Hand geben müssen», schrieb Einstein Mileva nach Novi Sad. «Frag einmal deinen Papa, er ist ein erfahrener Mann und kennt die Welt besser als Dein verstrebter, unpraktischer Johonzel.»

Mileva kehrte im Herbst 1902 allein in die Schweiz zurück, warum, bleibt im Dunkeln. Möglicherweise wurde das Kind zur Adoption freigegeben. Es erkrankte an Scharlach und starb einige Monate später im Alter von zwei Jahren.

Die Heirat

Albert Einstein und Mileva Maric heirateten am 6. Januar 1903 in Bern. Die ersten Ehejahre wurden für Einstein die produktivste Zeit seiner Karriere. Mileva arbeitete weiterhin intensiv an seinen Studien mit. 1905 veröffentlichte er ein paar seiner wichtigsten Arbeiten, die seinen Weltruhm begründeten und seine internationale Universitätskarriere lancierten: Er reichte seine Dissertation an der Universität Zürich ein und veröffentlichte jene Arbeiten, welche heute als Relativitätstheorie bekannt sind und ihm 1921 den Nobelpreis eintrugen.

Wie gross Milevas Anteil an seinen Werken genau war, bleibt ungeklärt, denn keines der Original-Manuskripte hat sich erhalten. Doch gesichert ist, dass sie ihren Mann im mathematischen Bereich, welcher ihm weniger lag, sehr unterstützte. Sein Mathematiklehrer am Poly, Hermann Minkowski, soll gesagt haben, als er Einsteins Relativitätstheorie gesehen hätte: «Das war für mich eine grosse Überraschung, denn Einstein war ein grosser Faulpelz, und für Mathematik interessierte er sich überhaupt nicht.»

An eine eigene Karriere konnte Mileva nicht mehr denken. Sie war nun Mutter zweier Söhne, Hans Albert und des sechs Jahre jüngeren Eduard. Eduard war ein schwieriges Kind, das später psychisch erkrankte. Er bedurfte ihrer ganzen Aufmerksamkeit, solange sie lebte. Die Familie wohnte nun wieder in Zürich, an der Moussonstrasse 12. Mileva war meist zu Hause, mit den Kindern und dem Haushalt beschäftigt, Einstein lehrte an der Universität. Sie zog sich immer mehr zurück, beschwert von der Last des Alltags, wurde schwermütig, misstrauisch, war gesundheitlich oft etwas angeschlagen.

Er hingegen wurde immer erfolgreicher, populärer, war als

Im Haus an der Huttenstrasse 62, das in ihrem Besitz war, lebte Mileva Maric bis kurz vor ihrem Tod zusammen mit ihrem jüngsten Sohn.

Wissenschaftler überall gefragt und als munterer, humorvoller Gast in jeder Gesellschaft gern gesehen. Das Paar driftete immer mehr auseinander. Nicht einmal mehr die Arbeit verband die beiden. Einstein beteiligte seine Frau nicht mehr an seinen Studien.

Dann verliebte er sich in eine andere Frau, seine Cousine Elsa Löwenthal. Sie wohnte in Berlin, und genau in jene Stadt zog die Familie Einstein 1914: Einstein war an die Preussische Akademie der Wissenschaften berufen worden. Mit der Geliebten in der Nähe wurde ihm die Frau, die einst sein liebes Doxerl war, immer mehr zur Last. Ihre dunklen Stimmungen beengten ihn. Er begann, Mileva nur noch wie eine Angestellte zu behandeln – damit beruhigte er auch Elsa, wenn diese wieder einmal eifersüchtig war und ihn zur Scheidung drängte. Er stellte Mileva klare Regeln auf. Sie musste für ihn waschen, drei Mahlzeiten pro Tag zubereiten und putzen, sein Arbeitszimmer sauber halten, sich aber ausdrücklich von seinem Schreibtisch fern halten und sich auch sofort aus dem Raum entfernen, wenn er das wünschte. Schliesslich musste sie auf jegliche persönliche Beziehung zu ihm verzichten und durfte also auch keine Intimitäten und kein gemeinsames Auftreten in der Öffentlichkeit mehr erwarten.

Als der Erste Weltkrieg ausbrach, schickte er sie mit den Kindern nach Zürich zurück. Er hatte einen plausiblen, aber für ihn natürlich auch willkommenen Grund dazu: Er wollte seine Söhne in Sicherheit wissen. Von nun an kümmerte er sich kaum mehr um seine Familie und schickte nur noch unregelmässig Geld. Mileva war ständig in finanziellen Nöten und musste sich und die Kinder mit Mathematik- und Klavierstunden über Wasser halten.

Dann verlangte er die Scheidung. Trotz des kompletten

Zerwürfnisses - mittlerweile wohnte er bereits mit Elsa zusammen - wehrte sich Mileva heftig dagegen und wurde krank. Doch schliesslich wurde die Ehe im Jahr 1919 am Bezirksgericht Zürich geschieden, in Abwesenheit des Paares. Der Scheidungsgrund: «Natürliche Unverträglichkeit.»

Als Albert Einstein zwei Jahre später, 1921, den Nobelpreis erhielt, überliess er Mileva das gesamte Preisgeld. Einerseits wohl im Bewusstsein, dass er seine Familie im Stich gelassen und kaum mehr finanziell unterstützt hatte, andererseits wohl auch im Wissen, dass er diese Auszeichnung nicht zuletzt auch Milevas Mithilfe verdankte. Einstein heiratete zwar seine Cousine Elsa, aber glücklich war auch diese Ehe nicht. Er nannte sich selber einmal einen «typischen Einspänner» mit einer «Abneigung gegen jede Bindung, die mir nicht absolut notwendig erschien». Aber offensichtlich brauchte er doch jemanden, der ihm zu Hause das Nestchen richtete.

Milevas Leben blieb schwer und düster, überschattet von der Sorge um ihren psychisch kranken Sohn Eduard. Leider erlebte sie nicht mehr, wie ihre wissenschaftlichen Verdienste gewürdigt wurden. Jahrzehnte nach ihrem Tod wurde in ihrer Geburtsstadt Titel in Serbien eine Schule nach Mileva Maric benannt. Und auch in Zürich erinnerte man sich ihrer. Als junge Frau hatte sie sich immer eine Karriere gewünscht, dies hätte ihr bestimmt gut getan: 2005 wurde sie von der ETH und der Gesellschaft zu Fraumünster geehrt als «Mitentwicklerin der Relativitätstheorie».

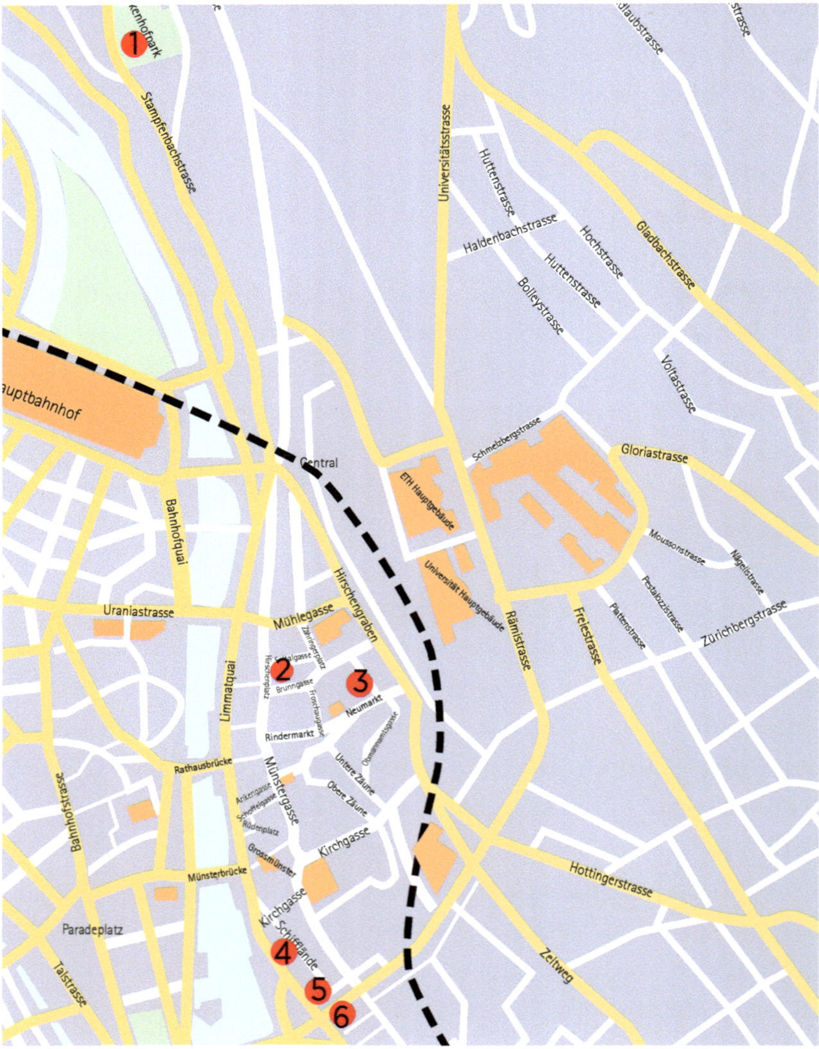

Varlin und Franca Giovanoli in Zürich:
Ein kleiner Rokoko-Pavillon im Beckenhofpark (1) diente Varlin zeitweise als Atelier.
Oft verkehrte Varlin im Café «Malatesta» am Hirschenplatz (2).
Ab 1961 befand sich Varlins Atelier in einem Haus am Neumarkt 11 (3).
Neben dem Café «Malatesta» waren Varlins Lieblingslokale das «Café Select» (Limmatquai 16 [4]), das «Café Odeon» (Limmatquai 2 [5]) und die gegenüberliegende «Kronenhalle» (Rämistrasse 4 [6]).

VARLIN (1900–1977) UND FRANCA GIOVANOLI (1928–1998)

«Bestimmt ein Habenichts!»

Franca Giovanoli und Varlin im Bergell.

Offsetdruck «Hochzeit mit Franca Giovanoli und Willy Varlin» vom bedeutenden Schweizer Künstler Willy Varlin, Original mit Stift handsigniert.

«Ich habe einen Mann kennen gelernt, den ich eines Tages heiraten werde», eröffnete die zweiundzwanzigjährige Franca ihrer Mutter sehr bestimmt. Und Rosina Giovanoli fragte, was wohl alle Mütter als erstes hätten klären wollen: «Wer ist er, und was ist er?» Sie erfuhr nichts, was sie beruhigt hätte: Der Auserwählte war 28 Jahre älter als ihre Tochter und von Beruf Künstler. «Bist du wahnsinnig?! Bestimmt ein Habenichts!» Mit letzterem hatte Rosina damals nicht ganz unrecht. Aber auch Franca behielt recht. Sie heiratete ihren Maler, aber erst dreizehn Jahre und einige Wirren und Trennungen später.

Franca war Varlin sofort aufgefallen, als er sie im «Café Select» am Limmatquai sitzen sah. Sie war hübsch, mit feinen Gesichtszügen, wirkte sanft und doch wie jemand, die wusste, was sie wollte. Varlin musterte die junge Frau, als ob er sie bereits malen würde und versuchte hinter ihrem Äusseren ihr Wesen zu erfassen. Ja, er wollte sie portraitieren, unbedingt. Franca arbeitete damals als Telefonistin und Empfangsdame in Zürich. Sie lebte noch nicht lange in der Stadt. Sie war in der Toscana aufgewachsen, als Tochter eines Patissiers aus dem Bergeller Dorf Bondo. Wie viele andere Bündner Patissiers war auch ihr Vater eines Tages mit der ganzen Familie nach Italien ausgewandert. In Pontremoli hatte er dann das «Café Svizzero» geführt. Nach seinem Tod war die Familie ins Bergell zurückgekehrt, und Franca hatte es nach Zürich gezogen.

Eines Tages besuchte sie tatsächlich das Atelier dieses Var-

Gäste im «Café Select». Das «Select» war in den Dreissigerjahren der Treffpunkt der Emigranten, die vor den Nazis geflohen waren. In den Fünfzigern und Sechzigern wurde dort der Kehraus des Künstlermaskenballs gefeiert. (Bild: Theo Frey/ NZZ-Archiv)

lin, der sie im «Café Select» angesprochen hatte. Aber sie war keine Abenteurerin, sie hatte sich vorher erkundigt über ihn. Viele bunte Vögel verkehrten im «Select», Künstler, Lebenskünstler, Intellektuelle. Aber sie erfuhr nichts Beunruhigendes über Varlin. Er sei tatsächlich Maler, fünfzigjährig und völlig harmlos, hiess es, er habe sich aufs Malen von Regenschirmen spezialisiert! Ein Scherzbold, der ihr das zuflüsterte. Ein Malerfreund, Hans Spahr, der es gut mit Varlin meinte. Dass sich in Varlins Atelier Damen durchaus auch entblätterten, verschwieg er vorsichtshalber. Bei Varlin von einer Spezialisierung auf Regenschirme zu reden, war also nicht die volle Wahrheit, aber tatsächlich hatte er einige Schirme gemalt. Sein berühmtestes Schirm-Bild schenkte er Franca viele Jahre später, «zur zwölfjährigen Verlobung».

Wer steckte wirklich hinter Varlin? Sein bürgerlicher Name war Willy Guggenheim, und er fasste seinen Lebenslauf so zusammen: «Als Fisch geboren mit einer Zwillingsschwester in Zürich in der Schützengasse, bis 50 knochenStier, war mit 4 Sternzeichen die Voraussetzung für ein kommendes Genie gegeben.» Kurze, prägnante Skizzierungen, die waren auch sein Markenzeichen in seiner Malkunst, in seinen Karikaturen. Varlin war ein Mensch mit Humor und Selbstironie.

Als Willy Guggenheim zwölf war, starb sein Vater, und die Familie zog von Zürich nach St. Gallen. Von dort sei nicht viel zu vermelden, schrieb er später. Einzig: «z Sänkt Gällä isch äll schö Wättär!»

Zu seinem Künstlernamen kam er zu Beginn seiner Karriere in Paris. Er zeichnete damals Karikaturen unter anderem für die Schweizer Satirezeitschrift «Nebelspalter» und für ein französisches humoristisches Blatt. Der Kunsthändler Leopold Zborowski entdeckte ihn, nahm ihn unter Vertrag und verpasste ihm den Namen Varlin, nach einem französischen Revolutionär und Anarchisten. Guggenheim sei unmöglich, wenig erfolgbringend für einen Künstler, Guggenheim hiessen amerikanische Kunstmagnate und Pariser Rennstallbesitzer, meinte Zborowski. Varlin, der Name eines französischen Revolutionärs, würde hingegen gut zu Willys rebellischem Geist passen.

Tatsächlich war Varlin, wie er von da an seine Werke signierte, ein kritischer Beobachter seiner Zeit. Er wollte aufrütteln mit seiner Kunst. Als Hitler 1933 in Deutschland an die Macht kam, veröffentlichte Varlin Karikaturen, in denen er heftig kritisierte, was in Deuschland passierte, vor allem die Judenverfolgung prangerte er an - er war selber Jude. Auch liebte er es zu provozieren, «schön» zu malen interessierte ihn nicht. Portraitierte er Menschen, überzeichnete er sie, zeigte rücksichtslos ihre Mängel.

«Es war das Nackte, das mich packte, denn in der Blösse liegt die Grösse», schrieb er. Er war unbequem, und das machte ihn auch zum Einzelgänger und Aussenseiter.

Auch Franca sollte es nicht leicht haben mit ihm. Aber er faszinierte sie. Sie spürte auch seine sensible, verletzliche, selbstzweiflerische Seite. Sie verbrachte schon bald jede Mittagspause in seinem Atelier. Es war ein kleiner Rokoko-Pavillon im Beckenhofpark, den er von der Stadt mieten konnte, laut Varlin nicht ganz so romantisch, wie es tönte. Der Raum war bloss vier auf sechs Meter gross, ohne fliessendes Wasser, ohne Toilette: «Dort 8 Jahre lang Bedürfnisse nicht gedurft, weil das Clo am Parkende und nachts geschlossen war.»

Und die Pinsel wusch er am Brunnen im Park. Schnell entstand eine enge Freundschaft zwischen Franca und Varlin. Dass ihre Beziehung immer wieder auf die Probe gestellt wurde, lag nicht nur an Varlins Freiheitsliebe. Es gab da noch eine andere Frau in seinem Leben, mit der er untrennbar verbunden war. Erna, seine Zwillingsschwester. Die beiden wohnten

Der Zürcher Neumarkt. Hier hatte Varlin in der Nr. 11 sein Atelier.

Das «Café Odeon», in dem Varlin oftmals verkehrte.

zusammen, reisten zusammen, oft wochen- oder gar monatelang.

Die Familienbande waren überhaupt sehr eng und nahmen bisweilen seltsame Züge an. Ein kleines Beispiel: In ihrer Wohnung an der Seestrasse 293 in Wollishofen stand ein altes schwarzes Klavier, es war das Erbstück einer entfernten Tante. Zwar konnten weder Varlin noch Erna Klavier spielen, aber sie hatten es nicht übers Herz gebracht, das Erbe auszuschlagen, auch wenn es ihnen ein ganzes Zimmer füllte. Einmal liessen sich die Geschwister von einem Freund überreden, das ungenutzte Instrument für wenig Geld an einen Altwarenhändler zu verkaufen. Doch kaum war es weg, packte die Zwillinge das schlechte Gewissen, als hätten sie die längst verstorbene Tante persönlich verstossen, und sie holten das Klavier in den Schoss der Familie zurück, oder besser, sie mussten es teuer zurück kaufen. Es hatte nämlich bereits einen Käufer gefunden, der sich nun für die Umstände fürstlich entschädigen liess.

Wie hätte es Varlin also übers Herz bringen können, seine noch quicklebendige Zwillingsschwester zu verlassen, nur weil eine andere Frau in sein Leben getreten war?! Es musste Platz haben für beide. Seiner Ansicht nach. Erna durfte weiterin fast überall hin mit. Auch längere Reisen unternahmen sie zu dritt.

Und wenn das Geld wieder einmal besonders knapp war, wurde nicht nur das Hotelzimmer, sondern auch das Bett zu dritt geteilt. Wobei Erna sich jeweils zwischen die beiden ins «Gräbli» warf, wie ein Keil aus Fleisch und Blut. Die Stimmung auf diesen Reisen war nicht immer entspannt. Die beiden Frauen schoben einander gegenseitig die Rolle des fünften Rades am Wagen zu, und dem sprichwörtlich lachenden Dritten war wohl nicht immer zum Lachen zumute.

So war es Erna ganz recht, dass Franca, nachdem diese nun vier Jahre an ihrem Bruder geklebt hatte, wie sie fand, für ein

Jahr als Au-pair nach England verschwand. Und dass sie anschliessend nicht nach Zürich zurückkehrte, sondern eine Stelle als Telefonistin im «Suvretta House» in St. Moritz annahm.

Varlin gefiel das weniger. Er schrieb seinem «lieben Francali»: «Wirst also den Winter in St. Moritz verbringen und ich in Zürich. Das ist das Ende unserer Ehe, wir sind geschieden, bevor wir verheiratet sind. Für dich wird das Dein Glück sein. Im Hotelfach wirst Du viele und schöne und reiche + junge Jünglinge kennen lernen, das ist eben mein Leben, die Lieben gingen mir immer bachab. Schliesslich verdiene ich es.»

Er unterschrieb mit «dein alter Willy».

Der Verlassene

Was er befürchtete, passierte. Ein gutes halbes Jahr später schrieb er: «Meine liebe Franca, ich sehe, dass ich von allen guten Geistern verlassen bin, auch von Dir. Draussen und drinnen regnet es. 2 Tage vor Pfingsten hast Du mich verlassen.»

Franca hatte die Beziehung tatsächlich aufgelöst. Aber nicht wegen einem reichen Jüngling, sondern wegen der älteren Frau: Erna. Franca liebte Varlin, aber sie wollte ihn alleine, nicht im Doppelpack mit seiner Zwillingsschwester, «Tante Erna», wie sie sie in ihrer Wut oft nannte.

Verzweifelt reiste Varlin nach Italien. Zuerst nach Pontremoli in der Toscana, wo Franca ihre Jugend verbracht hatte. Er hoffte, das würde sie versöhnlich stimmen, sie würde sich mit ihm dort treffen und wieder zu ihm zurückkehren. Doch nicht einmal ein Brief von ihr traf dort ein. Das kleine, verlassene Nest stimmte Varlin noch trauriger. Er schrieb Franca: «Ich denke an die Nacht bei Dir in Bondo, wo Du geweint hast und mich batest, Dich freizugeben [...] Der andere, den Du ja nicht einmal eifersüchtig glaubst, wird Dich mit seiner ganzen Liebe überzeugen, sicher warst Du Samstag und Sonntag bei ihm. Er wird die so schönen Jahre mit Dir teilen, die ich in Erinnerung habe.»

Hatte Franca doch einen andern? Es gab jedenfalls einen Verehrer, auf den Varlin immer wieder anspielte in seinen Briefen, er nannte ihn «Ovomaltinemensch», «Gipfelstürmer», «italienischer Marinesoldat», «Dein Walther von der Vogelweide». Rastlos irrte Varlin weiter herum, von Mailand über Venedig bis hinunter nach Ravenna. Er schrieb: «Nie habe ich so gefühlt, wie jetzt, wo ich allein in einem fremden Land bin, was mein Leben an deiner Seite hätte sein können. Nie mehr werde ich ein Mädchen finden, das so zu mir gepasst hat, wie Du. Dein schönes Gesichtchen wird ja auch einmal vergehen, aber ich habe Dich nicht allein deswegen geliebt, sondern wegen Deiner fairen Art, Deiner innigen humorvollen Traurigkeit.»

Zurück in Zürich ging es ihm nicht besser. In der kühlen Stadt, wo er auch nur wenige Freunde hatte, war es ihm nun richtig verleidet. Auch in seinem Atelier fühlte er sich nicht mehr wohl. Er schrieb an Franca: «Die Läden im Pavillon kann ich nicht aufmachen, weil ein Gerüst um den Pavillon herum ist. Sie putzen ihn zürcherisch modern.»

Immer wieder bat er um ein Zeichen von ihr. Wir werden nie erfahren, was sie ihm geschrieben hat auf seine traurigen Briefe. Keiner der ihren ist mehr vorhanden, sie soll einmal in der Wut - wieder einmal wegen «Tante Erna» - alle verbrannt haben. Aber dann versöhnten sich die beiden doch. Im darauffolgenden Jahr, 1957. Sie wollten es noch einmal miteinander versuchen.

Varlin begleitete Franca nach Paris, wo sie einen Sprachkurs absolvierte. Erna liess er zu Hause! Sieben Wochen lang verbrachten die beiden fast Tag und Nacht zusammen, so häufig wie noch nie zuvor und auch für längere Zeit danach nicht mehr, ein kleiner Testlauf für die Ehe. Er schrieb an seine Schwester: «Ich bin jetzt für 7 Wochen verheiratet. Mit 57 Jahren sollte man sich eine solche Heirat gestatten können ...» Aber für eine auch staatlich legitimierte Gemeinschaft war die Zeit offensichtlich doch noch nicht reif.

Nach ihrem Pariser Aufenthalt ging Franca zurück nach St. Moritz, und Varlin war oft monatelang auf Reisen durch halb Europa bis nach Marokko, er malte, zeichnete, besuchte Freunde, im Schlepptau meistens seine Schwester. Franca war selten dabei. Doch viele Briefe wurden ausgetauscht, er schrieb an sein «Mistkratzerli», «Berbermädchen», «Napoleönchen», «lieber Giovanöggel», «meine liebe Mouche», und unterschrieb häufig mit «dein alter Esel».

Immer mehr hinterfragten die beiden ihre freischwebende Beziehung, immer mehr belastete und verunsicherte sie die Abwesenheit des andern. In seinen Briefen grübelte Varlin: «Dabei sind unsere Briefe wie Briefe einer alten Verstandesehe. Nie etwas von Liebe, obschon wir uns doch lieben – Oder? Oder? Oder?»

Es tat ihm leid, dass Franca ihre romantische Seite mit ihm so wenig ausleben konnte. Es tat ihm leid, dass er ihr so wenig ein verlässlicher Partner sein konnte, wie sie sich oft beklagte, und dass sie sich immer wieder Sorgen um die Zukunft machen musste.

«Du bist ein so diskreter, stummer Fisch mit traurigen Augen wie ein gemetzgeter Fisch. Deine Devise ist Höre und schweige!» Aber er beteuerte ihr: «Ich denke oft an Dich, mehr als Du glaubst, und unsere klimatisch und seelisch verregneten Beziehungen.»

Doch Franca schwieg nicht immer, immer wieder mal verlangte sie Klärung. Wie damals, als er ihr darauf antwortete: «Aber jetzt setzest Du mir endgültig das Messer auf die Brust, mich zu entscheiden, ja oder nein. Es sei keine Verpflichtung, Dich zu heiraten, kehre wenigstens den Stiel um, schreibe, eine 30-jährige sei nicht verpflichtet einen doppelt älteren zu heiraten. Wir gingen 10 Jahre lang nicht aus Verpflichtung, sondern aus Freundschaft miteinander, eben weil wir zu nichts verpflichtet waren, gingen wir sogar auseinander. Wenn wir uns immer wieder fanden, war es, weil wir immer zusammen glücklich waren.»

Aber da war für Franca eben auch noch das *Pièce de réstistance*. Erna. Sie zu verlassen brachte Varlin nach wie vor nicht übers Herz. Er wusste, sie war abhängig von ihm, psychisch, aber auch finanziell, sie hatte nie in ihrem Leben ihr eigenes Geld verdient.

Es waren zwei Königskinder, die hatten einander so lieb, sie konnten beisammen nicht kommen, das Wasser war viel zu tief ...

Kummer in der Liebe, Glück in der Karriere. Als Varlin im Sommer 1961 von seinen langen Reisen nach Zürich zurückkehrte, erschienen plötzlich immer mehr namhafte Persönlichkeiten in seinem Atelier, mittlerweile am Neumarkt 11. Wer etwas auf sich hielt, liess sich von Varlin portraitieren. Er malte aber auch seine Freunde, Schriftsteller wie Friedrich Dürrenmatt, Max Frisch, Hugo Loetscher. Oder den beliebtesten aller Zürcher Stadtpräsidenten, Emil Landolt. Oder die allseits bekannte Wirtin der «Kronenhalle», Hulda Zumsteg, und ihren Sohn Gustav. Das grosse Bild, das Varlin von ihr gemalt hatte, hängt noch heute in der «Kronenhalle». Dort war Varlin oft anzutreffen, wenn er nicht im «Café Select», im «Café Odeon» oder im «Malatesta» sass. Die Zumstegs waren selber grosse Kunstliebhaber und -sammler, an den Wänden hingen Chagall, Picasso, Mirò. Für Künstler war in der Gaststube immer ein Tisch reserviert, das Essen kriegten sie zu günstigeren Preisen, oft gabs sogar ein Menü aussschliesslich für sie.

Aber dann machte Varlin Nägel mit Köpfen. «Wir können schon heiraten, dann stelle ich Erna in einen Schirmständer?», hatte er einmal an Franca geschrieben, als sie ihn wieder einmal vor die Entscheidung gestellt hatte, sie oder sie. Doch schliesslich fand er für Erna einen geeigneteren Ort: Eine Wohnung in Lugano, wo sie wenigstens noch eine Freundin hatte, denn er wusste, in Zürich würde sie nicht ohne ihn leben wollen. Für Erna war nun endlich gesorgt. Jetzt konnten sie getrost heiraten und in die Heimat von Franca ziehen, ins Bergell.

Am 27. September 1963 gaben sich Willy Guggenheim und Franca Giovanoli auf dem Standesamt in Zürich das Ja-Wort. Nur ihre beiden Trauzeugen waren zugegen, auch das Hochzeitsmahl nahmen sie nur zu viert in der Kronenhalle ein. Nein, Erna war nicht dabei. Sie wusste von nichts und ahnte selbstverständlich auch nichts, als ihr Bruder jene Nacht - eigentlich seine und Francas Hochzeitsnacht! - zu Hause bei ihr verbrachte, allein. Der grosse Schock kam am nächsten Morgen, als Varlin sie als frisch verheirateter Mann vor vollendete Tatsachen stellte. Erna erlitt - wie es Varlin vorausgesehen hatte - einen Nervenzusammenbruch. Aber zog dann brav, wenn auch voller Wut und Verzweiflung, wie vom Bruder angeordnet, nach Lugano.

Varlin und Franca zogen nach Bondo, in die Wohnung, die Franca von ihrer verstorbenen Mutter geerbt hatte. Drei Jahre später kam ihre einzige Tochter Patricia zur Welt. Nach fünf Jahren Ehe schrieb Varlin: «Ein Haus auf dem Land. Ein Kindermädchen, natürlich ein dazugehörendes Kind, eine

Waschmaschine, den Zürcher Kunstpreis, eine Geschirrspülmaschine, meine Frau im Protzelotmantel, ein Fiat, immer saubere Fingernägel und Hosenbügelfalten. Wie sagt doch meine liebe Zwillingsschwester Erna: ‹Jetzt bischt ganz verspiesseret, meh chasch nümme abecho!›» Oder den erwähnten Zürcher Kunstpreis, mit dem Varlin von seiner Heimatstadt Zürich 1967 endlich geehrt worden war, kommentierte er mit den Worten: «Noch so ein Preis und man ist endgültig erledigt! [...] Von früheren Preisträgern pflegte ich zu sagen: Wieder so ein senil-korrupter Schafseggggggggel, jetzt bin ich dieser SS selber.»

Da war er wieder, der alte Spötter und Zyniker. Doch nie war Varlin als Mensch ruhiger, umgänglicher und glücklicher gewesen als in jenen Jahren, in denen er mit seiner Frau Franca und seiner Tochter Patricia in Bondo lebte. Und natürlich versöhnte er sich auch wieder mit seiner Schwester Erna, sie durfte ihn auch hin und wieder auf seinen Reisen begleiten. Auch als Maler war er nie geschätzter und geachteter gewesen als in jener Zeit, seinen letzten Jahren. Er schuf sein beeindruckendes Spätwerk, welches bis heute als Höhepunkt seines Schaffens gilt und welchem er die Anerkennung verdankt, die er heute, mehr als zu seinen Lebzeiten, in der Kunstwelt geniesst.

Bibliografie

Ammann, René: Franz Westermeier Kellner Mundschenk. www.zahlenwelt.net. Zürich 2007.

Aufenanger, Jörg: Richard Wagner und Mathilde Wesendonck. Eine Künstlerliebe. Düsseldorf 2007.

Baur, Hans: Zwinglis Gattin. Anna Reinhart – Die erste Pfarrfrau der Schweiz. Zürich 1918.

Breitenbruch, Bernd (Hg.): Gottfried Keller in Selbstzeugnissen und Bilddokumenten. Reinbek 1968.

Capus, Alex: Himmelsstürmer. Zwölf Portraits. München 2010.

Casanova, Giacomo: Erinnerungen. Band 3. Herausgegeben von Georg Müller. www.gutenberg.spiegel.de. O.O. o.J.

Eichelberg, Tobias; Guggenheim, Patrizia (Hg.): Varlin – Wenn ich dichten könnte. Briefe und Schriften. Zürich 1998.

Guggenheim, Patrizia; Tedeschi-Pellanda, Paola (Hg.): Varlin. Zürich 2000.

Hildebrand, Irma: Die Frauenzimmer kommen. München 1994.

Klaas Meilier, Brigitta; Schifferli, Dagmar (Hg.): Meine getreue Schulthess. Aus dem heimlichen Briefwechsel zwischen Anna Schulthess und Heinrich Pestalozzi. Zürich 1996.

Kröger, Ute: Zürich, du mein blaues Wunder. Zweite Auflage. Zürich 2004.

Langer, Axel; Walton, Chris: Minne, Muse und Mäzen. Otto und Mathilde Wesendonck und ihr Zürcher Künstlerzirkel. www.wesendonck.websiteportal.de. Zürich 2002.

Lavater-Sloman, Mary: Pestalozzi. Die Geschichte seines Lebens. Zürich[2] 1977.

Renn, Jürgen; Schulmann, Robert (Hg.): Albert Einstein und Mileva Maric. Am Sonntag küss' ich Dich mündlich. Die Liebesbriefe 1897–1903. München[3] 1998.

Schifferli, Dagmar: Anna Pestalozzi-Schulthess. Ihr Leben mit Heinrich Pestalozzi. Zürich 2013.

Schindler, Alfred: Zwinglis «Fehltritt» in Einsiedeln und die Überlieferung dieses Ereignisses. Zwingliana XXXVI. www.zwingliana.ch. Zürich 2009.

Sprecher, Thomas: Der göttliche Jüngling. Anmerkungen zu Thomas Manns «letzter Liebe». www.tma.ethz.ch. Zürich o.J.

Trbuhovic-Gjuric, Desanka: Im Schatten Albert Einsteins. Das tragische Leben der Mileva Einstein-Maric. Bern 1993.

Universität Zürich: Frauen in Kellers Leben. www.gottfriedkeller.ch. Zürich o. J.

Wottreng, Willi: Lydia Welti-Escher. Eine Frau in der Belle Epoque. Zürich 2014.

www.heinrich-pestalozzi.ch

www.meinhard.privat.t-online.de/frauen/einstein.html

http://www.waag.ch/interzunft/lexikon.asp?zunft_ID=2

www.zh.ref.ch

Zürich im Elster Verlag

Willi Wottreng
Zürich bewegt

Eine Stadtgeschichte in Bildern

ISBN 978-3-907668-87-0
168 Seiten, 30 x 24 cm, gebunden

Von den Fünfzigern ab mausert sich eine Kleinstadt mit protestantischem Flair und dörflichen Quartierkernen zur City und Partystadt Europas – das Millionen-Zürich.

Mit kurzen Texten und in prägnanten Bildern aus den Zeitungsredaktionen zeigt Willi Wottreng, wie das Leben und der Alltag in Zürich in der Spanne einer Generation durch technologischen Wandel, Immigration und Verkehrsentwicklung bis ins Grundwasser umgewälzt wurden. Das Buch war der Begleitband zur Ausstellung «Zürich bewegt» im Zürcher Stadthaus.

Dokumentiert wird der Zeitraum von etwa 1950 bis 2010.

Zürich im Elster Verlag

Madlaina Janett / Dorothe Zimmermann
Ländlerstadt Züri

Alpen, Tracht und Volksmusik in der Limmatstadt

ISBN 978-3-906065-16-8
160 Seiten, 14 x 21 cm, gebunden

In Zürich hat einiges begonnen, was wir heute ganz selbstverständlich als bäuerlich geprägte Volkskultur wahrnehmen.

So hat die Schweizer Trachtenbewegung Anfang des 20. Jahrhunderts von Zürich aus ihren Siegeszug in die ganze Schweiz angetreten, Heidi das Licht der Welt gleich beim Paradeplatz erblickt und Stocker Sepp im Zürcher Niederdorf den Sound definiert, den wir heute als Ländlermusik kennen.

Diese andere Seite der Volksmusik führen Madlaina Janett und Dorothe Zimmermann vor. Sie zeigen, wie im Zeitalter der Industrialisierung die Heimat zur Heimat wurde, und unternehmen zudem eine vergnügliche Tour über Berg und Tal - soweit das in einer Großstadt möglich ist. Mit «Ländlerstadt Züri» führen die Autorinnen an einige Schauplätze, an denen die «ländliche Tradition» ihren Anfang nahm.